REMONTER LE COURANT

MARGOT CAMPBELL

Remonter le courant

Du bois des sœurs aux feux de la rampe

FIDES

Photo de la couverture : © Margot Campbell
Conception de la couverture : Bruno Lamoureux
Mise en pages : Marie-Josée Robidoux

Catalogage avant publication de Bibliothèque et Archives nationales du Québec et Bibliothèque et Archives Canada

Campbell, Margot, 1935-

Remonter le courant : du bois des sœurs aux feux de la rampe

ISBN 978-2-7621-3550-3 [édition imprimée]
ISBN 978-2-7621-3551-0 [édition numérique PDF]
ISBN 978-2-7621-3552-7 [édition numérique ePub]

1. Campbell, Margot, 1935-   - Enfance et jeunesse. 2. Acteurs - Québec (Province) - Biographies. I. Titre.

PN2308.C35A3 2013   791.4502'8092   C2013-941139-9

Dépôt légal : 3ᵉ trimestre 2013
Bibliothèque et Archives nationales du Québec
© Groupe Fides inc., 2013

La maison d'édition reconnaît l'aide financière du Gouvernement du Canada par l'entremise du Fonds du livre du Canada pour ses activités d'édition. La maison d'édition remercie de leur soutien financier le Conseil des Arts du Canada et la Société de développement des entreprises culturelles du Québec (SODEC). La maison d'édition bénéficie du Programme de crédit d'impôt pour l'édition de livres du Gouvernement du Québec, géré par la SODEC.

Imprimé au Canada en août 2013

Avant-propos

Il y a quelques années seulement, l'idée d'écrire mes souvenirs d'enfance ne me serait jamais venue à l'esprit. Mais en voyant les aiguilles de l'horloge avancer plus rapidement que je le souhaiterais, je ressens comme tant d'autres le besoin, sinon l'urgence, de témoigner de ma vie, de retrouver la petite fille et l'adolescente que j'ai été, de remonter le courant jusqu'à la source. J'ai envie de m'embarquer pour un voyage à rebours au creux de mes jeunes années, dans la nature harmonieuse, riante et paisible des bords du Richelieu.

Voilà, je suis au large sur le pont de mon navire imaginaire. Je regarde défiler les lieux et paysages de mon enfance. Un à un, ils s'animent, comme d'un coup de baguette magique. Une foule de personnages de tous âges en sortent, souriants, et se rassemblent sur la rive. Ils m'attendent.

PREMIÈRE PARTIE

Mes jeunes années au bord du Richelieu

Standbridge-East et Saint-Jean

Après une minute de réflexion, maman me dit : « C'était sans doute chez ton grand-papa Létourneau. Mais comment pourrais-tu te souvenir de cela ? Tu n'avais pas encore deux ans ! » Je vérifiais auprès d'elle l'origine d'une réminiscence, d'une sorte de flash comme au cinéma : je suis assise dans une haute chaise d'enfant ; maman est là, penchée sur moi. Derrière elle, deux fenêtres comme deux grands rectangles jaunes ; une douce pénombre dorée nous enveloppe. C'est tout. Ce n'est même pas un vrai souvenir. Plutôt une impression profondément gravée dans l'inconscient, une sensation de douceur et de bien-être absolu, fait de la lumière intense du soleil cherchant à pénétrer à travers les toiles baissées, de la chaleur et de la présence de ma mère.

Mes grands-parents maternels habitaient, dans les Cantons de l'Est, un joli lopin de terre qu'ils appelaient un « emplacement de campagne ». Dans leurs termes, cela désignait une fermette. Il y avait quelques bâtiments, un vaste potager et un jardin de fleurs. Derrière s'étendaient les champs d'avoine et de blé des fermes voisines. Coiffée de six pignons, la maison était grande et accueillante, avec de hautes fenêtres et une galerie en équerre au-dessus d'une plate-bande de zinnias multicolores. De beaux arbres élancés la dominaient de toute leur cime.

Ce paradis de ma petite enfance s'appelait Stanbridge-East, que je prononçais « Sènebrédgise », mon oreille d'enfant se montrant récalcitrante au « st » et à la consonance anglaise.

Mes souvenirs conscients de Stanbridge-East remontent à mes quatre et cinq ans, et composent, avec ceux de la belle nature fluviale où je suis née, la banque d'images, le terreau où ont germé les sensations de confort, de sécurité, de plaisir que j'éprouve devant certains paysages. Si la mer me séduit, si la montagne m'exalte, c'est pour un temps seulement. Mais donnez-moi une douce et verte campagne, une rivière bordée d'arbres, un ruisseau jaseur sillonnant la prairie, et me voilà chez moi, à l'aise, contente et rassurée comme lorsque j'avais quatre ans.

À cette époque, mes parents étaient encore tout jeunes, ayant convolé à un âge tendre. C'est le hockey qui les avait réunis : papa jouait dans l'équipe de Bedford et, un jour, il remarqua une adorable demoiselle parmi les spectateurs alignés derrière la bande. Il s'informa à son sujet, l'invita à sortir et, quelques mois plus tard, le 16 mai 1924, ils se mariaient. Lui se prénommait Léonard et avait vingt-trois ans ; elle s'appelait Cécile et sortait à peine de l'adolescence avec ses dix-sept printemps tout frais.

Grand-mère se plaisait à raconter que le matin des noces, dans sa robe de satin blanc, avec son voile posé bas sur le front et ses touffes de cheveux sur les oreilles, maman ressemblait davantage à une première communiante qu'à une jeune mariée.

Mais elle passa vite de l'adolescence à la maturité, car une première grossesse ne se fit pas attendre. À dix-huit ans, elle était déjà mère d'une petite fille, ma sœur aînée Denise. Après une fausse couche qui faillit lui coûter la vie, ce furent rapidement Fernande, Luce, Monique. Je suis la fille numéro cinq et je vis le jour à Saint-Jean, le dix août 1935, un beau samedi matin alors que maman faisait des tartes. Il paraît que je fus un bébé tranquille qui pleurait si peu que grand-mère Létourneau, lors de nos visites à « l'emplacement, » venait parfois vérifier que je n'étais pas morte dans mon berceau. De poupon calme, je devins une petite fille plutôt gaie et qui aimait, je crois, plaire aux autres. Je n'avais pas deux ans lorsque mon frère Jacques fit son apparition, à la grande fierté de papa qui commençait peut-être à désespérer de n'avoir jamais un fils. Jacques ne resta pas longtemps le petit dernier, car Marie arriva bientôt. Voilà où en était la famille lorsque j'avais quatre ans.

Durant l'été et quelquefois au temps des Fêtes, tout ce petit monde s'empilait (ne me demandez pas comment) dans la voiture de grand-père Campbell pour de fréquents séjours à Standbridge-East. À l'arrivée, c'était l'installation bruyante dans les chambres tapissées de papier à ramages, où les lits avaient des matelas comme de gros ventres en plumes. Sur de petites commodes, les lampes à huile voisinaient avec les cuvettes en porcelaine et les brocs à eau, car ni l'électricité ni l'eau courante n'étaient encore installées.

Réveillés tôt le matin avec une faim de loup, nous descendions vite à la cuisine, où grand-mère s'affairait déjà à rôtir de grosses tranches de pain de ménage sur un rond du poêle à bois. Il y en avait une pleine assiette au milieu de la table, et devant chaque place était posé l'obligatoire bol de porridge, que je détestais, mais qu'il fallait avaler avant de pouvoir se régaler de toasts et de confiture.

Après le déjeuner, comme j'étais trop petite pour suivre mes sœurs aînées qui couraient vite jouer chez les voisins, je suivais grand-maman pas à pas pendant qu'elle s'occupait de ses fleurs.

Arrête-toi, fillette, avant d'aller trotter derrière grand-mère. Arrête-toi, que je te revoie bien dans la cuisine d'été baignée de soleil. La porte grande ouverte laisse entrer les odeurs de la ferme ; dans le baquet de lessive au bord du perron s'élève une pyramide de draps tellement blancs sous la lumière que tu en es presque aveuglée. Tu aperçois la voisine dans son jardin. Il faudra aller lui dire « hello ! ». Et voici maman en robe mauve, souriante, qui rapporte des œufs frais du poulailler. Arrête-toi et dis-toi… mais non, tu ne peux pas te dire, tu ne peux pas savoir que la vie ne sera jamais plus pure, plus douce et légère qu'en ce radieux matin d'été.

Tous les jours, grand-maman puisait l'eau à même le tonneau ventru, calé au coin de la maison, et faisait boire les plantes. Si le tonneau était vide, elle remplissait son arrosoir dans l'évier de la cuisine en actionnant la pompe. Voir jaillir l'eau de ce curieux instrument m'étonnait chaque fois : « Tu fais de la magie, mémère ! » Elle souriait.

Mes grands-parents Jean-Baptiste Létourneau et Azilda Dalpé formaient un couple uni dans le silence. Leur vie semblait avoir été réglée une fois pour toutes, sans qu'il n'y eût rien à rajouter, et chacun vaquait à ses occupations dans une immuable routine.

Nous adorions grand-maman, son doux sourire et sa patience inaltérable. Elle portait toujours un tablier frais et propre, refuge de nos peurs et consolation de nos petits bobos. Aucun chagrin ne résistait quand elle nous caressait la tête contre son ventre, en murmurant tendrement « chut, chut, chut ». On la voyait, le soir, assise au bord de son lit, dénouer son chignon tressé et peigner ses beaux cheveux blancs avec soin, lentement, en les lissant de la main. C'était sa seule coquetterie.

Grand-père, lui, nous intimidait un peu. Il portait des lunettes aux verres si épais qu'il était difficile de lire son regard, et puis il ne s'adressait presque jamais à nous. Je crois qu'il adhérait à cette opinion selon laquelle les enfants peuvent être vus, mais non pas entendus.

Après le travail, il s'assoyait dans sa berceuse et jonglait pendant de longs moments sans dire un mot, puis tout à coup, tourmenté par des fourmillements aux jambes, il frappait du talon sur le plancher en articulant tout bas un « damn it » furieux. Francophone, mais élevé près de la frontière américaine, grand-père parlait presque mieux l'anglais que sa langue maternelle. C'est pourquoi les jurons lui venaient plus facilement dans la langue de Shakespeare.

★ ★ ★

La voisine anglaise, Mrs Tinsley, venait souvent causer avec grand-maman. Leurs potagers se touchaient presque, séparés par une haute bordure de tournesols. Petite, grassouillette, avec un visage en forme de lune, la dame était rieuse et d'un discours intarissable. Grand-mère, elle, ne parlait pas beaucoup. Elle écoutait en écossant ses petits pois dans une grande jatte de faïence ébréchée. Et l'amie anglaise parlait, parlait... Je la dévisageais, hypnotisée par la rapidité avec laquelle toutes ces paroles incompréhensibles sortaient de sa bouche.

Elle arriva un beau jour, portant une boîte de carton qu'elle posa sur la table où j'étais en train de crayonner sur du papier. « *Open it* », me dit-elle. À son geste, je compris ce qu'il ne fallait faire et je découvris, émerveillée, deux minuscules poussins jaunes, serrés l'un contre l'autre sur un vieux chiffon, leur petit bec ouvert dans un piaillement à peine audible. Submergée de joie et d'amour, j'en pris un dans ma main. Il était tout chaud et palpitant. Du bout de l'index, je caressais son duvet léger et je sentais ses petits ergots enserrer faiblement mes doigts. Ce fut l'un des plus beaux moments de mon enfance.

Grand-mère installa la boîte près du gros poêle en fonte et laissa les poussins se promener librement dans la cuisine pendant quelques jours. De temps à autre, elle les mettait dans la poche de son tablier pour les enlever du chemin ou pour les soustraire à l'affection un peu trop musclée de mon frérot. Et elle continuait tout bonnement ses occupations. Dès le réveil, j'allais les voir et leur donner à manger. Ils grossissaient à vue d'œil.

Un matin, comme la boîte avait disparu, je questionnai grand-maman : « Les poussins devenaient trop grands, et Mrs Tinsley les a repris dans son poulailler », me dit-elle. En fait, je ne sus jamais ce qui était vraiment advenu d'eux. Peut-être que la chatte, oubliée cette nuit-là dans la maison, les avait tout simplement croqués et qu'on ne voulait pas me le dire.

Grand-mère me consola avec un des tendres et savoureux beignes qu'elle gardait au frais dans un chaudron, à la cave. Heureusement, peu de temps après, la chatte (criminelle ?) mit bas une nouvelle portée de minous qui vint remplacer les poussins dans mon cœur.

★ ★ ★

Parmi les bâtiments derrière la maison, celui qui m'intriguait le plus était la forge de grand-père, maréchal-ferrant de son métier. Un métier dangereux, disait maman, en racontant que pépère avait une fois reçu en plein ventre la ruade d'un cheval fou.

Vaguement effrayée, mais curieuse, je me glissai un jour près de la porte. Le spectacle me figea sur place : tel un diable noir penché devant la bouche ardente du foyer, grand-papa martelait à coups féroces des fers incandescents qui se tordaient. Derrière lui, un cheval haut comme la maison, maintenu par un gros homme en salopette, hennissait et piaffait nerveusement. Le feu projetait sur eux des lueurs rouges dans l'ombre de la forge. Puis, grand-père saisit une des pattes antérieures de l'animal et, l'appuyant fermement sur sa cuisse, il commença à enfoncer des clous dans son sabot. C'en était trop pour ma sensibilité d'enfant et je me mis à pleurer, sûre qu'il torturait la pauvre bête. Il me rassura en quelques mots, pendant que le gros homme, lui, semblait s'amuser.

Mais un peu plus tard, alors que je jouais dans la cour avec Monique, je vis grand-père sortir du poulailler, tenant par les pattes une poule qui protestait avec véhémence en caquetant et en battant des ailes. Il la coucha sur le billot et lui trancha la tête d'un coup de hache. À notre indicible horreur, le corps étêté du volatile se mit à tressauter dans notre direction. Je me réfugiai en criant dans les bras de ma sœur, bien convaincue cette fois de la méchanceté de mon pépère.

Doucement, grand-maman m'expliqua pourquoi il fallait tuer une poule ou un cochon de temps à autre et, si je consentis alors à pardonner à mon grand-père, j'eus beaucoup moins d'appétit au dîner pour avaler le contenu de mon assiette. Ce fut mon premier contact avec la dure réalité de la chaîne alimentaire.

* * *

C'est le jour de l'An. Il y a des tonnes de neige pailletée qui brille au soleil et il fait très froid. La grande maison est pleine de la parenté du côté de maman. On parle fort, on rit, on chante. Les Létourneau aiment chanter. Les trois frères de maman, égayés par le « p'tit blanc », entonnent de vieilles chansons françaises en chœur avec les dames : *Ferme tes jolis yeux*, *L'Angélus de la mer*, et puis celle qui me fait verser des larmes de pitié pour « les pauvres errants »,

La Berceuse aux étoiles, où triomphent les trémolos virils de l'oncle Honora.

Mais le moment le plus excitant est l'arrivée du violoneux. Le grand-oncle Frank n'attendait que lui et se met alors à giguer d'une manière endiablée, au milieu d'un cercle d'admirateurs qui battent des mains. Je me juche sur une chaise pour mieux voir et je ris, je ris ! Avec ses longs bras et ses longues jambes lancés dans tous les sens, il ressemble à ces petits pantins de bois que l'on fait danser en tirant une ficelle.

Je revois la table de la cuisine chargée des friandises traditionnelles du Nouvel An : belles oranges dans leur nid de papier vert, arachides en écale et noix de Grenoble. Mais surtout les délicieux bonbons anglais en forme de rubans repliés, luisants et si tentants dans l'assiette de porcelaine.

Je revois Denise, Fernande et Luce accourant aux fenêtres dès qu'un tintement de grelots signale une carriole sur le chemin, pour être les premières à annoncer : « Les Untel arrivent ! » Et encore des embrassades : « Bonne Année ! » Et encore un p'tit verre : « Bonne Année ! » Et le nez encore un peu plus rouge...

À l'heure du repas, grand-maman sort du four la rôtissoire de granit bleu pâle où fume l'énorme dinde, dorée et odorante : « Oh la belle volaille, que ça sent bon ! » Et l'on passe joyeusement à table.

De ces séjours à la fermette, je conserve encore d'autres images, isolées et sans histoire, qui flottent dans ma mémoire comme des bulles irisées sur un souffle de vent. Voici une fillette debout, immobile dans la pénombre chaude du salon. Elle est fascinée par le long secrétaire que grand-père appelle son *roll top*. Elle voudrait bien fouiller dans les papiers, ouvrir les tiroirs, s'emparer des beaux crayons bien aiguisés, mais c'est défendu ! Et pépère n'est pas toujours commode...

Elle se balance à présent sur l'escarpolette des voisins. Une main invisible la pousse. Elle rit, tête renversée, bras tendus et doigts serrés sur les câbles ; elle a les pieds dans les airs et les yeux fermés sous le soleil éclatant. « Plus fort, plus fort », crie-t-elle ravie, croyant s'envoler.

Oh ! Cette odeur de moisi, d'essence et de cigare. Rien qu'à l'évoquer, elle m'emplit de nouveau les narines. C'est l'odeur de la vieille Ford de grand-papa. Nous allons au village. Mes grands-parents sont tout de noir vêtus, comme toujours lorsqu'ils sortent. Grand-mère porte un manteau étroit et léger, et un chapeau orné d'une grappe de fleurs, sur son chignon blanc. La clochette de la porte tinte ; dans le magasin général aussi, il y a une senteur particulière, comme des vieux journaux dans une cave, et c'est plein de choses hétéroclites partout. Le nez sur la vitre du comptoir, je lorgne les lunes de miel avec convoitise. Grand-maman fait ses achats et nous revoilà sur le chemin de terre en même temps qu'un troupeau de vaches. « Aheu, aheu », éructe le klaxon de la vieille Ford.

Par un beau matin d'été, nous attendons papa qui va arriver de la ville. Maman, assise au bord de la galerie, tient Marie sur ses genoux, tandis que je joue près d'elle avec Jacques. Soudain, j'aperçois au loin un homme qui vient vers nous sur la route ensoleillée et je reconnais la veste brun et rouille de mon père. Je saute de joie : « Papa, papa ! », et je cours vers lui, mon petit frère sur les talons. Au revoir, jolies bulles.

Peu après mon sixième anniversaire, nos grands-parents, qui se faisaient vieux, décidèrent de casser maison et de vendre « l'emplacement », à la grande tristesse de tous. C'en était fait pour toujours des vacances à la campagne.

⋆ ⋆ ⋆

Dans les années subséquentes, comme le clan allait s'enrichir de cinq nouveaux membres, je me trouvai donc —et me trouve toujours— au milieu de la famille. Position charnière qui expliquerait peut-être certains traits de mon caractère.

Dans cette position, on s'entend toujours dire qu'il faut être raisonnable ; soit on est trop petite pour faire comme les plus grandes, soit trop grande pour se comporter comme les plus petits. Si bien que, toujours dans l'incertitude de ce que je pouvais réclamer en espérant l'obtenir, je devins de plus en plus timide pour exprimer des demandes —permissions, sous, bonbons, jouets, etc.— la plupart du temps refusées (souvent à cause du manque d'argent, mais ça, je ne le comprenais pas encore). Par je ne sais quelle entourloupette psychologique, cette situation, au lieu de développer ma combativité, produisit exactement le contraire : la haine de la lutte. Par orgueil ou par manque de confiance, plutôt que de me battre —c'est-à-dire revendiquer, pleurnicher, prouver que j'avais droit à ceci ou que je méritais cela—, je préférais renoncer. Je ne le regrettais pas forcément. Par exemple, dans le cas des bandes dessinées :

à dix ans, je me passionnais pour les bandes dessinées dans les journaux (Mandrake le magicien, Blondinette, Jacques Le Matamore, etc.). Mais Luce et Monique en raffolaient également et, tous les samedis, c'était à celle qui s'emparerait du journal la première, pour narguer les deux autres, bien entendu.

J'éprouvais un tel dépit quand je perdais la course que j'en aurais pleuré, et je détestais cet état de colère et de frustration qui me serrait le cœur comme une bête griffue. Un jour, je me dis qu'au fond, quelle importance d'être la première ou la dernière à lire les bandes, du moment que je les lis : le journal ne va pas disparaître. Un beau samedi, à la grande surprise de mes sœurs, je n'essayai pas de rivaliser de vitesse avec elles. Et à ma grande surprise, la course cessa, la querelle aussi. Je me sentis tout heureuse et soulagée de ne plus tenir à cette ridicule victoire. Les petits renoncements, le partage obligatoire et le deuil inévitable de l'exclusivité ont sans doute contribué à tempérer un ego tout droit sorti du signe du Lion.

★ ★ ★

J'avais pour ma mère un amour immense et je n'étais jamais plus heureuse que lorsqu'elle pouvait m'accorder un peu d'attention. Lorsque je sus écrire, je déposais parfois un billet affectueux sur son oreiller, avant d'aller dormir. Et quand, dans un demi-sommeil, je sentais qu'elle venait mettre un baiser sur mon front, mon petit cœur se remplissait de félicité.

Alors dans la jeune trentaine et toujours svelte malgré ses nombreuses maternités, maman était belle. Elle avait les cheveux châtains, les yeux gris-bleu et un sourire lumineux. Une image d'elle est restée dans mon souvenir, aussi précise qu'une photographie : elle est debout devant le miroir dans la chambre inondée de soleil ; elle porte une robe verte fleurie et ajuste un grand chapeau blanc sur ses cheveux. J'ai cinq ans. Je la contemple avec ravissement et je lui dis qu'elle est la plus belle maman du monde. Elle sourit et m'embrasse avant de partir.

Un jour, cependant, mon admiration la mit dans l'embarras. Nous étions en visite chez une tante âgée, tante Laurencia, que je trouvais bien peu avenante avec ses vêtements sombres, son visage jaune et ridé sous le chignon blanchâtre, et les lunettes cerclées de noir. Elle avait un air sévère et je n'aimais pas l'approcher. À côté d'elle, maman, blonde et rose, en robe claire, toute souriante. Le contraste me frappa si vivement que soudain, une terrible inquiétude s'empara de moi. « Maman, tu ne deviendras pas vieille comme ça, toi ! » m'écriai-je. « Mais oui », répondit ma pauvre mère, mal à l'aise. Douleur et stupéfaction ! Imaginer ma jolie maman avec l'allure de tante Laurencia me parut décidément trop affreux (pardon ma tante !) et j'eus peur de ne plus pouvoir aimer cette maman-là. À cinq ans, je ne pouvais pas savoir que l'on ne vieillit pas tous de la même façon. Maman est restée belle –les cheveux tôt blanchis, mais le teint radieux– jusqu'à la fin de sa vie, à soixante-trois ans, surtout parce qu'il y avait en elle une lumière qui resplendissait sur son visage.

Nous avons vu notre mère forte et courageuse en toutes circonstances. Fière et humble à la fois. Malgré la lourde tâche et les inquiétudes qui ne manquaient pas, avec des oisillons plein le nid, elle gardait un visage aimable, riait de bon cœur dans les moments de détente. Elle aimait « le beau chant » et faisait ses tartes le samedi, en écoutant l'opéra à la radio. Que ce soit en cuisine ou en couture, maman accomplissait des prodiges avec peu, mettant son orgueil à ce que nous soyons toujours bien nourris et vêtus convenablement. Au grand amusement de la visite, le jour de mon quatrième anniversaire, je déclarai fièrement que la belle robe bleue que je portais avait été faite dans du « vieux ».

Oui, ma mère se débrouillait et trouvait cela normal. Ne se plaignait jamais. C'était une héroïne.

★ ★ ★

Le premier ancêtre du côté de mon père, l'Écossais William Campbell, débarqua en Nouvelle-France en 1759 avec l'armée de Wolfe. Il combattit dans le régiment Fraser Highlanders lors de la bataille des Plaines d'Abraham.

Après la conquête, il décida de rester au Canada et épousa une jeune fille de Saint-Pierre-les-Becquets, Josephte Chartier. Ils s'installèrent d'abord à Laprairie, puis à L'Acadie, où ils élevèrent leur famille. C'est là qu'il mourut en 1811, à quatre-vingts ans. Plusieurs de ses descendants se fixèrent plus tard dans les Cantons de l'Est.

Mon grand-père Mastaï Campbell, quant à lui, naquit aux environs de Bedford, et c'est dans cette ville qu'il vécut la plus grande partie de sa vie. Il y travailla comme agent immobilier et agent de vente des machines agricoles International Harvester. Il avait épousé Antoinette Landry, et fidèle à l'exemple de William qui éleva quinze enfants, le couple en eut dix-sept. Six moururent à la naissance ou en bas âge. Restèrent quatre fils et sept filles.

Avec les nombreux rejetons de mes parents et ceux, non moins nombreux, des frères de papa, on pouvait dire que les Campbell faisaient leur large part pour peupler la région !

Grand-mère Antoinette était une femme stoïque qui ne paraissait jamais dépassée par les événements. Elle en avait un certain mérite ! Étant continuellement dans une « situation intéressante », comme on disait alors avec pudibonderie pour parler d'une femme enceinte, sa besogne quotidienne dans un temps où les machines automatiques n'existaient pas avait de quoi donner le vertige. Mais grand-maman savait s'organiser. La lessive était faite à l'extérieur et lui revenait toute repassée. Deux fois l'an, une couturière s'installait à la maison pour retaper les vêtements. Il y avait une bonne pour aider au ménage. Grand-mère prenait soin des enfants et cuisinait les repas pour sa grosse famille, à laquelle venaient encore s'ajouter, en saison, les hommes travaillant à la ferme. Menu typique d'un petit déjeuner après le « train » : grillades de lard, Johnny cake (sorte de gâteau de maïs), fèves au lard, pommes de terre rissolées, mélasse et crème « d'habitant ». Bon appétit !

Entre le lavage des couches et les chaudronnées de soupe, elle trouvait le moyen de tenir la comptabilité du ménage, de correspondre avec parents et amis, et de tricoter des chaussettes et des mitaines pour les pauvres de l'une de ses sœurs, missionnaire dans le Nord-Ouest canadien.

Elle était instruite et avait « une belle plume » qu'elle exerçait dans de petits articles pour les *Annales catholiques*. Cette maîtresse-femme est morte presque nonagénaire, mais il semble que même à cet âge vénérable, elle n'ait pas été tout à fait résignée à partir. Vers la fin, elle répétait souvent : « Je voudrais rester avec vous… »

Grand-père Mastaï était d'un naturel taquin. Il aimait rire, raconter des histoires et jouer des tours à ses petits-enfants. Comme cette fois où Monique et moi jouions à la maman dans le salon chez lui : après avoir couché ma poupée sur la causeuse recouverte d'un vieux drap, j'allai faire ma sieste. Au retour, je vis avec stupeur une coulée jaune entre les cuisses de caoutchouc de ma poupée. « Ton bébé a fait caca, il faut le changer », me dit grand-père. L'espace d'un quart de seconde, la folle idée qu'une sorte de miracle se fût produit en mon absence me traversa l'esprit. Puis je reconnus l'infâme substance. « C'est de la moutarde ! » m'écriai-je, au comble de l'indignation et de la colère. « Non, non », répondit-il. « Oui ! t'es méchant. Je ne t'aime plus », et je fondis en larmes, car le corps de toile de ma poupée se trouvait taché à tout jamais.

Grand-mère le gronda pendant qu'il fumait sa pipe, silencieux, debout devant la fenêtre. Pauvre grand-papa ! Sa blague n'avait pas obtenu le succès escompté.

Si Monique et moi étions en séjour chez nos grands-parents Campbell qui habitaient la même rue que nous, à Saint-Jean, c'était parce que maman avait contracté une maladie infectieuse grave, l'érysipèle. Comme on la soignait à la maison, nous avions tous été dispersés dans la parenté. Une grande angoisse me tenaillait : maman allait-elle mourir ? J'avais entendu papa, inquiet, dire à grand-mère que la fièvre ne cessait de monter. Alors, le soir en faisant ma prière, je demandais à Jésus de venir me chercher à la place de ma mère et, le lendemain, je m'étonnais d'être toujours en vie. Heureusement pour moi, Jésus sut se débrouiller sans considérer mon offre et, à notre immense joie, maman se trouva enfin hors de danger.

Tous les après-midi à quatre heures trente, assis près du gros appareil RCA Victor, mes grands-parents écoutaient religieusement *Les événements sociaux*, une émission où un annonceur à la voix de fausset énumérait les noms des personnes décédées dans les derniers jours. Pour moi, c'était d'un ennui mortel −c'est le cas de le dire− et je préférais entendre de la musique, mais je restais quand même sur les genoux de grand-papa. Je le regardais fumer sa pipe et lancer, de temps à autre, un jet dans le crachoir, épiant le moment où peut-être il raterait sa cible, pour pouvoir le taquiner : « Ha, ha, t'as craché à côté », et rire tout mon saoul. Mais ce n'est jamais arrivé, il était trop habile.

Le midi, avec son repas, il buvait une grande chope de bière à laquelle il ajoutait une pincée de gros sel. La bière le fortifiait, prétendait-il avec un air malin, et grand-mère se mettait tout à coup à toussoter. Il aimait cuisiner et faisait d'excellentes nouilles, larges et dodues, qu'il appelait « poutines », et de merveilleuses omelettes au jambon, bien baveuses, dont je raffolais.

J'avais huit ans lorsqu'il s'éteignit. Dans les derniers moments, Denise voulut m'emmener à son chevet, mais je fis une crise. Je ne voulais pas voir mourir mon grand-père. J'avais peur et je m'enfuis au bord de la rivière pour pleurer.

★ ★ ★

Papa était le quatrième enfant de la famille. Beau garçon, on disait de lui qu'il ressemblait à l'acteur français Charles Boyer. Dans sa jeunesse, il aimait le sport et la nature, et avait plus d'une fois fait l'école buissonnière avec Paul, son frère cadet, pour aller pêcher dans la rivière aux Brochets ou musarder dans les bois. Ses sœurs lui trouvaient un tempérament solitaire. Il parlait peu, à cause peut-être du léger bégaiement qui l'affectait parfois.

Très tôt responsable d'une famille nombreuse, papa devait travailler fort. Durant des années, il occupa deux emplois : ouvrier en usine le jour, et serveur dans un club les soirs de fin de semaine. Nous ne le voyions pas beaucoup à la maison et il s'en remettait presque entièrement à maman pour notre éducation et tout ce qui concernait le foyer. Dans son esprit, le rôle du père se limitait à celui de pourvoyeur et en cela, il n'était pas différent de beaucoup d'hommes de sa génération. Enfants, nous savions que son degré de patience était inversement proportionnel aux décibels que produisaient nos jeux bruyants. En sa présence, nous mettions la sourdine. À table, par exemple, il ne fallait pas rire ni parler trop fort. Lui-même restait silencieux, se contentant d'esquisser un sourire de temps à autre ou de faire les gros yeux s'il n'aimait pas ce qu'il entendait, mais il se mêlait rarement à la conversation.

Cette attitude distante, qu'inconsciemment sans doute j'interprétais comme une absence d'intérêt à notre égard, ne favorisait malheureusement pas la relation père-enfant confiante et chaleureuse qui aurait dû exister et qui m'a tant manqué dans les premières années de ma vie. J'ai compris beaucoup plus tard seulement que mon père était prisonnier à l'intérieur de lui-même, incapable d'exprimer ses sentiments, et qu'il en souffrait peut-être plus que nous.

Tous les soirs, sauf le dimanche où il emmenait maman au cinéma, papa se rendait au Club des Chevaliers de Colomb rencontrer ses amis et jouer au billard. L'été, c'était le croquet. Champion dans les deux jeux, tout le monde le connaissait. Ce petit renom lui faisait plaisir et, qui sait, représentait peut-être une sorte de compensation à des rêves qu'il n'avait pas pu réaliser.

Lui aussi aimait l'opéra. Les grands chanteurs l'impressionnaient: «Ça, ça chante!» disait-il en écoutant, le sourire suspendu dans l'heureuse attente de la note finale. Et lorsque celle-ci atteignait une hauteur particulièrement vertigineuse chez la soprano ou sortait avec une force à tout casser chez le ténor, il éclatait de contentement de la même manière qu'à une victoire du Canadien au hockey.

Nos parents s'aimaient, mais rarement échangeaient-ils des marques de tendresse devant nous. La plus grande pudeur régnait à tous les niveaux: dans l'expression verbales des sentiments, comme dans les gestes. Passée l'enfance, embrassades et câlins semblaient ne plus avoir leur

place. Nous n'osions plus. Quant à la relation entre frères et
sœurs, c'en était une de réserve et d'indépendance. Chacun
et chacune avait ses amis, ses études ou son travail, et gardait secrète sa propre vie intérieure. Peu d'échanges et de
confidences, mais une belle solidarité en cas de malheur.
En fait, nous nous aimions bien, d'une affection bourrue
qui ne s'exprimait pas en mots, mais qui était véritable.
Aujourd'hui, je puis dire que nous apprécions tous la valeur
du lien fraternel.

★ ★ ★

À Saint-Jean, nous habitions rue Richelieu, au premier
étage d'un immeuble de plusieurs logis. Derrière, la cour
commune était en terre battue, sans un seul arbre et les
escaliers extérieurs s'y rencontraient sous les cordes à
linge. Les compagnons de jeu ne manquaient pas dans
cette petite société.

Mon préféré, c'était Yvan, un garçon de mon âge qui
habitait la maison voisine. Nous étions inséparables.
Maman trouvait toutefois qu'il manifestait un esprit
d'initiative un peu trop précoce et m'entraînait dans ses
« plans de singe ». Ensemble, nous avions commis plusieurs
méfaits, dont les plus notoires avaient été d'allumer un feu
de rebuts sous les escaliers extérieurs ; de nous balader
un beau jour sur le toit des galeries au deuxième étage ; de
pourchasser les chats et de voler des carottes dans le potager du voisin.

Il va sans dire que ces mauvais coups ne demeuraient
pas impunis. Mais à quatre ou cinq ans, je ne comprenais

pas la colère des adultes : puisque le feu ne s'était pas propagé ; puisque nous n'étions pas tombés du deuxième ; puisque les chats se sauvaient et que les carottes abondaient, où était le mal ? Cette logique, pourtant évidente pour moi, semblait échapper aux parents.

Le trottoir de la rue Richelieu, devant notre immeuble, était comme une extension de la cour. On jouait souvent sur le trottoir, l'été à la marelle, et l'hiver dans les bancs de neige qui ornaient le bord des rues, avant l'ère de la souffleuse. De plus, quelle vitrine sur l'humanité ! Nous avions l'habitude, Yvan et moi, assis sur le pas de la porte, de regarder défiler les gens en faisant des petites remarques pas toujours charitables. Ce qui nous valut un jour une sévère remontrance de la part de ma sœur Fernande : « On ne regarde pas les gens comme des bêtes curieuses, ce n'est pas poli. Surtout quand on voit un infirme ; on fait semblant de ne pas s'en apercevoir. »

À compter de ce jour, chaque fois que nous croisions une personne handicapée de quelque manière, nous nous poussions du coude et tournions ostensiblement la tête du côté opposé, certains d'agir selon les meilleures règles du savoir-vivre.

★ ★ ★

Un jour d'hiver, je vis passer une dame qui me parut triste et pauvrement vêtue. Je tenais les deux gros biscuits à la confiture que maman venait de me donner pour ma collation. Dans un élan de pitié, je lui demandai : « Madame, êtes-vous pauvre ? » Elle se retourna et fit oui, simplement. Je lui offris alors mes biscuits, croyant sans doute qu'elle ne les prendrait pas. Mais elle me remercia et les mit dans son sac.

Je restai au milieu du trottoir, un peu interdite, partagée entre la fierté de mon sacrifice et la déception de mes papilles gustatives. Puis, je remontai rapidement chez moi raconter l'histoire à maman et réclamer deux autres biscuits : « Non, me dit-elle doucement, dans ce cas, il n'y aurait pas de sacrifice et le petit Jésus serait moins content de toi. » Ouais !...

En retournant jouer dehors, je marchandai avec Jésus dans ma tête, les biscuits contre la belle poupée que je désirais tant pour Noël. « Marché conclu », répondit Jésus, et il donna la commission à tante Adrienne. Tante Adrienne était la sœur aînée de papa, la deuxième de la famille. Elle travaillait depuis de nombreuses années au *Canada Français* à titre de secrétaire du directeur et propriétaire du journal, monsieur Louis-Omer Perrier. Célibataire, elle aimait choyer ses neveux et nièces. C'est elle qui m'acheta la fameuse poupée, que je trouvai avec bonheur sous l'arbre de Noël, convaincue qu'elle venait du Ciel. J'ai gardé de ce petit fait une grande confiance en la négociation.

Non seulement tante Adrienne prenait-elle à l'occasion la relève du père Noël, mais c'est elle également qui me fit découvrir le délice des délices : le *sundae* au chocolat ! C'était par un beau samedi. Je me promenais, désœuvrée, les deux mains croisées sur la tête, signe de l'ennui le plus profond, quand je la rencontrai dans la rue. Comme je venais de prendre un bain, que je portais une petite robe toute propre et une belle grosse boucle de ruban dans les cheveux, ma tante me trouva présentable et décida à mon grand plaisir de me « payer la traite ».

Elle m'emmena à la salle à manger de l'hôtel National, choisit une table près d'une fenêtre ensoleillée et ornée de plantes vertes, puis elle demanda au serveur un *sundae* au chocolat pour moi. À l'aube de mes cinq ans, je ne connaissais que le classique (et occasionnel) cornet de « crèmaglace blanche ». Alors, mon cœur bondit en même temps que l'eau me montait à la bouche et j'eus du mal à maîtriser mon impatience. Cependant, j'attendis sagement sans mettre mes coudes sur la table.

Puis, la merveille arriva, sublime et bouleversante, avec un épais sirop au chocolat dégoulinant d'une montagne de glace à la vanille parsemée de noix et d'arachides. Une cerise brillante trônait au sommet : j'étais éblouie ! Le temps d'une seconde d'admiration et j'entamai la coupe. Aussitôt, tout le bonheur du monde se concentra dans le contenu de la cuillère que je portais à ma bouche. La cerise disparut en premier, noyée dans le sirop, et le mélange des saveurs enchanta mon palais. L'expression de la satisfaction la plus intense devait se peindre sur mon visage, car ma tante souriait en me regardant manger. « C'était bon ? » demandat-elle, quand je déposai la cuillère en me pourléchant les babines. « Le plus bon de toute ! » répondis-je.

Je crois que j'amusais tante Adrienne quand j'étais petite ! Devant la parenté ou la visite, elle prenait plaisir à me faire imiter les chanteurs populaires que l'on écoutait à la radio. *Ma pomme*, la célèbre chanson de Maurice Chevalier, me valait toujours un franc succès. Mais le numéro le plus réclamé de mon répertoire était le monologue *La Charlotte prie Notre-Dame*, que j'avais mémorisé à force de l'entendre sur les ondes au temps de Noël. D'ordinaire, j'aimais bien faire rire, mais là, vraiment, avec une histoire aussi triste et les gros sanglots que je mettais dans la voix, je ne comprenais pas la joie de mon « public » !

Née avec le vingtième siècle, tante Adrienne est morte en 1992. Elle eut donc amplement le temps de suivre ma carrière, mais peut-être ne songea-t-elle jamais qu'elle fut la première à encourager mes aptitudes et à me donner le goût du spectacle.

★ ★ ★

L'été, notre petite troupe d'enfants se tenait sur la bande du canal Chambly, excitée par l'animation qui y régnait constamment. Les manœuvres de la levée du pont, surtout au passage des gros navires, nous fascinaient. Mais l'attraction principale venait des luxueux yachts de plaisance, amarrés au quai, et d'où descendaient de riches Américains qui nous donnaient des sous. Sans vergogne, nous avions vite pris l'habitude de les attendre et aussitôt les pièces en main, nous courions voir le vendeur de *pop-corn* ou le vendeur de crème glacée, deux des personnages les plus pittoresques de mon enfance à Saint-Jean. Le premier, Maillie Robert, une célébrité locale, était infirme et boitait lourdement, ce qui ne semblait pas le gêner dans ses activités. Annonceur-crieur le dimanche sur le perron de l'église et camelot pour le *Canada français*, il faisait aussi du *pop-corn* au bord du canal, par les beaux jours d'été. L'odeur se percevait de loin et nous chatouillait les narines. Maillie Robert était peut-être un peu simple, mais il avait toujours le sourire fendu jusqu'aux oreilles et causait avec tout un chacun, constamment suivi par une flopée de gamins : « Maillie, Maillie, j'ai cinq sous, donne-moi du *pop-corn*. » Il nous remplissait un sac de papier blanc avec du maïs éclaté tout chaud et l'arrosait copieusement de vrai beurre fondu. Mium...

Notre vendeur de crème glacée, lui, promenait sa marchandise un peu partout dans une petite charrette tirée par un poney brun. Il s'appelait Bourada. C'était un Libanais d'origine, un petit homme maigre au visage sombre, avec des touffes de cheveux gris dépassant du fez qu'il arborait fièrement. Son allure un peu sévère nous incitait à la politesse et c'est avec un beau « s'il vous plaît, monsieur Bourada » et « merci monsieur Bourada » que nous achetions nos cornets. Il nous laissait flatter son poney qui bougeait les oreilles d'une manière amusante quand on lui parlait. Pour dix sous, on avait un gros cornet de glace à la vanille (l'unique parfum), que nous dégustions avec application, assis sur le bord du trottoir. Le bonheur, en ce temps-là, ne coûtait que cinq ou dix sous.

★ ★ ★

Je ne devais pas avoir plus de cinq ans lorsqu'on m'emmena au cinéma pour la première fois. C'était à l'Impérial, à Saint-Jean. Un film musical avec Nelson Eddy et Janet McDonald, où lui jouait un policier de la Gendarmerie royale du Canada et elle, sa bien-aimée. Je ne compris pas grand-chose, sinon qu'ils semblaient s'être perdus, se cherchaient et s'appelaient : « *When I'm calling you, ou-ou-ou-ou-ou-ou...* » Ensuite, grâce à un ou deux westerns, je fis la connaissance du méchant Jesse James et de Buffalo Bill, un peu plus sympathique, celui-là. Mais ma réelle fascination pour les « vues » se déclara un peu plus tard, lorsque des représentations extérieures débutèrent l'été, au stade sportif. Papa, qui aimait le cinéma, nous y emmenait parfois. Les séances comportaient un épisode d'une série d'aventures à suivre et un long métrage, le tout en anglais seulement. Nous allions nous percher très haut dans les gradins et, dès que l'écran s'allumait, j'étais happée par les images. Sans rien piger aux dialogues, j'arrivais tout de même à départager les bons et les méchants. Facile : les bons chevauchaient avec John Wayne, le héros dont je tombai follement amoureuse.

Cependant, là où mon émerveillement atteignait son paroxysme, c'était lors des projections des films de Fred Astaire et Ginger Rogers. Leurs virevoltes, leurs « tourniquettes » –Ginger, dans ses robes souples et moulantes ; Fred, si léger, si aérien, impeccable dans son smoking– m'enflammaient d'admiration. La musique aussi me plaisait et fut, je crois, la première à vraiment capter mon oreille, à s'installer dans ma mémoire. C'était la musique des Gershwin, Porter, Berlin, Ellington et les autres ; c'était le jazz des années 1930-1940, qu'on appelait « swing ». Les chansons de Sinatra vinrent quelque temps après. Adolescente, j'ai commencé à danser au son de cette musique et, pour moi, elle conserve tout son charme évocateur de bonheur insouciant, de légèreté, de vacances.

★ ★ ★

Habiter un appartement au premier étage avec trois enfants en bas âge présentait certains risques. Un jour, en me penchant pour parler à mon petit ami, qui était en bas dans la cour, je basculai du haut de l'escalier, frôlant dans ma chute un crochet de boucherie fixé à une poutre, allez savoir pourquoi. Mais le sort m'épargna d'être embrochée comme un jambon et je m'en tirai sans trop de mal. Cependant, quand Jacques, lui, tomba du balcon et resta inconscient plusieurs heures, mes parents décidèrent qu'il était temps de chercher un logis plus sécuritaire, au rez-de-chaussée. Décision d'autant plus pertinente que maman venait d'accoucher de jumeaux. J'avais six ans et nous allions quitter la ville de Saint-Jean où je suis née, pour aller habiter de l'autre côté du Richelieu, à Iberville.

La Villa des saules

Un arbuste couvert de fleurs blanches, comme une grosse boule de neige au milieu du gazon. C'est la première chose que j'aperçus par la fenêtre du taxi qui nous emmenait de Saint-Jean, le 1er mai 1942, papa, maman, Jacques, Marie, les bébés jumeaux et moi. «C'est ici», dit mon père, en ouvrant la portière. Je bondis hors de la voiture. Les aînées qui avaient fait plus tôt le trajet à pied, avec Henriette en poussette, vinrent à nous la mine épanouie. Moi, je n'en croyais pas mes yeux! La joie soulevait mon cœur. Une maison au bord de la rivière, avec un grand jardin pour nous tout seuls ? Je me mis à courir, suivie de Jacques et de Marie, d'un bout à l'autre du terrain qui me sembla immense et presque pareil à une forêt, comparé à notre ancienne cour dénudée.

Nous étions tous excités et ravis. Les grandes s'émerveillaient du paysage ; papa, amateur de pêche, se voyait déjà dans une chaloupe en train de taquiner la barbotte, tandis que maman appréciait en connaisseuse la longueur impressionnante de la corde à linge. Denise me fit voir, sur la façade, une chose qui m'étonna : notre nouveau chez-nous portait un nom. Il était inscrit en lettres or sur un panneau de bois noir au-dessus de l'entrée. Je lus lentement, en détachant les syllabes : *Villa des saules*. Le joli nom ! Du coup, je regardai la maison d'un œil différent, presque respectueux. Campée sous les ormes, à la lisière de la rue, elle souriait de toutes ses lucarnes, pimpante et jaune soleil, ornée de deux galeries en treillis vert foncé et d'une véranda (qu'on appelait solarium), donnant sur la rivière. C'était la première vraie maison de la famille et, pour moi, le début d'une histoire d'amour. Car j'avoue ici trois grandes passions : les arbres, l'eau et les maisons.

L'installation se fit rondement. Quel bonheur, le premier matin, d'ouvrir les yeux sur un décor nouveau. La chambre que je partageais avec Marie avait, comme les autres, des murs pentus et des fenêtres à double battant. Des fenêtres « françaises », selon Denise. Je ne comprenais pas ce que la langue venait faire là, mais j'y voyais un autre trait particulier qui me faisait aimer notre maison encore davantage.

Nous ne pouvions vraiment pas être mieux situés avec l'église et l'épicerie en face et l'école à deux pas. Cependant, se trouver à la fois au bord de la rue et au bord de la rivière inquiétait maman, à cause des petits. Elle savait qu'il lui faudrait être très vigilante et que ce serait un souci de plus pour elle. Mais en même temps, elle était heureuse d'avoir enfin une grande maison confortable et pleine de lumière ; heureuse aussi de jouir d'une belle vue et d'un jardin où descendre prendre le frais l'été, quand sa tâche lui en laisserait le loisir.

J'ai déjà dit qu'en arrivant, maman avait aussitôt été contente de la longue corde à linge. C'était important pour elle. Elle aimait l'odeur de la lessive séchée au vent et au soleil, et même l'hiver, partout où nous avons habité, elle l'étendait courageusement à l'extérieur. Puis, les pieds dans ses couvre-chaussures ouverts, un vieux parka sur le dos et soufflant sur ses doigts pour les réchauffer, elle peinait à décrocher des draps aussi rigides que des pans de mur et les combinaisons de mon père qui ressemblaient à des mannequins de bois givrés. Évidemment, il fallait faire sécher à nouveau tout cela dans la maison. Le salon et la cuisine se transformaient alors en bain turc avec l'humidité qui se dégageait de la lessive entière disposée sur des séchoirs. «Ça ne fait rien, disait maman, le linge a pris la bonne senteur du dehors.» Pour nous, c'était l'odeur des lundis d'hiver.

Maman était donc satisfaite, malgré ses inquiétudes. Papa aussi. Quant à nous, les enfants, nous avions l'impression d'arriver pour toujours dans un lieu de vacances. Tant de nature, d'espace ; les arbres, la rivière... Que la vie serait belle dans la maison au bord de l'eau !

* * *

Quelques mots sur Iberville, nid douillet de mes jeunes années. C'est l'une de ces charmantes municipalités qui longent pensivement le Richelieu. Avec ses petites maisons aux toits en pente, sagement alignées au bord des trottoirs, et ses rues ombragées d'arbres magnifiques, souvent centenaires, ma petite ville se voulait coquette. La proximité de la campagne lui conférait, à mes yeux, un attrait spécial. Lorsque j'étais gamine, nous allions cueillir des fraises sauvages dans un champ à quelques rues de chez nous. Et il n'y avait pas un long chemin à parcourir, à la belle saison, pour se procurer de beaux légumes frais chez le maraîcher, monsieur Brown, qui cultivait son immense potager « par en bas », au bout de la 1re Rue. On ne parlait pas alors de développement urbain, et les terrains vacants, les coins cachés, les boisés anarchiques pouvaient respirer en paix, véritables petits royaumes où nos vacances trouvaient leur plein d'explorations et de découvertes.

La vie se déroulait tranquillement à Iberville, en ces années 40 et 50. Régie par les traditions et les conventions propres à l'époque, la population se groupait sans trop de questionnement autour de son clocher. L'on vivait confiant et rassuré : la Providence pourvoirait à nos besoins. Mes jeunes années ont baigné dans cette atmosphère et j'étais loin encore d'être tourmentée par le doute. J'aimais ma vie, j'aimais ma ville qui n'offrait rien cependant de bien original et un étranger en visite pour la première fois l'aurait aussitôt constaté. Point de monuments, sauf le buste de

Sir Wilfrid Laurier au milieu du petit jardin devant la caserne des pompiers, dont l'étage supérieur abritait les bureaux de l'hôtel de ville et le local de la fanfare. Tout de même, Iberville pouvait s'enorgueillir de deux ou trois demeures très anciennes, comme le somptueux Manoir Christie et son vis-à-vis, le grand Couvent, sans oublier, dans leur îlot de mystère et d'interdit, la petite église protestante *Trinity Church* et son presbytère. Tous ces beaux bâtiments dataient de la première moitié du xixe siècle. Voilà. Pas de quoi faire un papier. Mais peut-être que notre visiteur, séduit par la magnifique vue sur la rivière, la beauté et la richesse de la verdure, aurait décidé de s'attarder un peu.

★ ★ ★

Le bruit se répandit rapidement dans la 1re Rue qu'une grosse famille venait de s'installer au numéro 47 et bientôt les jeunes voisins, curieux, vinrent rôder autour de la maison. Mises à part trois petites filles de mon âge, Marie-Jeanne Hébert, Estelle Lebeau et Louise Bessette, tous les autres étaient des garçons entre dix et quatorze ans : Gérard et Jean-Guy Hébert, Louis, Alain et Benoît Rome, les fils de l'épicier d'en face, puis enfin, Jean et Robert Bessette, les frères de Louise. Les plus jeunes d'entre eux furent peut-être déçus de trouver une famille composée surtout de filles, avec un seul mâle, qui n'avait pas ses six ans. Mais les autres, déjà presque des adolescents, semblèrent tout de suite intéressés par mes grandes sœurs. Quoi qu'il en soit, comme les enfants se lient facilement, en quelques jours, les juniors du clan Campbell, Monique, Jacques, Marie et moi, faisions partie de leur groupe. Déjà enchantés de notre propre cour qui formait un beau grand L de la rue à l'arrière de la maison, nous allions découvrir avec bonheur dans les semaines à venir une foule d'autres endroits où aller s'amuser, comme le ruisseau Hazen, la « p'tite » rue, le bois des sœurs, la grange du curé et le jardin de monsieur Benoît.

La villa méritait bien son nom : les saules étaient en effet nombreux dans la cour. Le plus imposant avait trois troncs fortement inclinés vers la rivière. Leur gros dos crevassé se laissait aisément grimper et je pris bientôt l'habitude d'aller m'asseoir sur une branche hospitalière, au milieu du bruissement des feuilles. Tout en mangeant ma collation, j'observais les jeux du soleil et de la brise dans la ramure et, sous mes pieds, les gracieux tournoiements des « patineurs » à la surface de l'eau. J'aimais me sentir ainsi comme suspendue entre ciel et terre. Durant toute mon enfance, j'ai rêvé d'une petite maison dans un arbre.

Mais le seigneur de tous les résidents du jardin était, sans contredit, l'érable gigantesque de plus de trois pieds de diamètre qui trônait en bordure de la cour, du côté nord. Sa splendeur en automne n'avait pas d'égale dans toute la rue. Un jour, les fils de l'épicier d'en face eurent l'idée d'y accrocher une balançoire. Le plus agile des trois, qui grimpait aux arbres comme un singe, monta nouer de solides cordes à une grosse branche trente pieds au-dessus de sol. « La plus haute balançoire du monde ! » clamait-il. Les amis se pressaient pour voir la merveille et nous étions tous très excités. À l'aide d'un long câble attaché au siège, deux ou trois garçons tiraient l'escarpolette jusqu'à ce qu'elle soit presque à l'horizontale, et ils la lâchaient! Commençait alors un va-et-vient vertigineux, où le passager frôlait tour à tour de son dos et de ses pieds le feuillage des autres arbres. On en avait le souffle coupé et le cœur qui montait dans la gorge. C'était grisant et terrifiant à la fois. Le hic, c'est que les cris retentissaient et que les voisins s'énervaient. Papa mit alors fin sans tarder à la carrière de cette balançoire qui attirait trop d'enfants dans la cour et s'avérait dangereuse. D'ailleurs, ma pauvre mère, débordée, ne pouvant pas surveiller tout ce qui se passait autour de la maison, se faisait constamment du souci. Avec la rue et la rivière, la balançoire était vraiment de trop!

Pour se donner un peu de répit, elle nous avait chargées, Monique et moi, de prendre soin des jumeaux dans la cour. Ça ne nous plaisait pas forcément. À deux ans, Jean et Pierre étaient remuants en diable et, sitôt dehors, se dirigeaient avec assurance vers l'eau ou vers la rue. On s'épuisait à courir après eux. Alors un jour, on imagina de les attacher chacun à un arbre avec des cordes juste assez longues pour leur permettre de se rejoindre, mais pas de dépasser le périmètre de sécurité. Échec total! Ils s'emmêlaient ou tournaient autour de leur arbre, et quand ils se voyaient immobilisés, criaient à pleins poumons.

Résignées à notre mission de surveillance, nous invitions nos petites amies dans la cour et, parmi d'autres jeux, nous leur présentions des « séances ». C'était n'importe quoi : des dialogues improvisés sur place, des chansons, des récitations apprises à l'école ou bien des péripéties interminables où nous jouions des héroïnes célèbres, évidemment d'une grande beauté, d'une grande bravoure et d'une éblouissante intelligence. À nous les beaux rôles! Je dois admettre que notre auditoire ne se montrait pas toujours enthousiaste, mais ça ne nous décourageait pas.

Mon aînée de deux ans, Monique, était de loin celle qui avait le plus d'imagination et elle l'exerçait parfois à mes dépens. Petite, j'étais très crédule et pleinement confiante en la parole des plus âgés. Mes sœurs, par exemple, pouvaient me faire gober à peu près n'importe quoi, surtout si cela ressemblait à un conte de fées. Une fois, avec l'air mystérieux de celle qui révèle un secret, Monique me raconta que de minuscules lutins à tuques rouges habitaient dans la poignée de la râpe à légumes. Invisibles le jour, ils sortaient la nuit pour prendre l'air au clair de lune et, si on restait éveillé, on pouvait peut-être les apercevoir. Je mordis tout de suite à l'hameçon, ne trouvant rien là d'invraisemblable. Quoi? Dieu était bien invisible, lui aussi, et ça ne l'empêchait pas d'être partout. Et mon ange gardien? Jamais il n'avait montré le moindre bout d'aile et pourtant, il était là, à mes côtés, pour me protéger. Alors si les lutins, eux, consentaient gentiment à se matérialiser, ne fusse qu'une heure, je n'allais pas rater la chance de les surprendre dans leur promenade nocturne. Je mis donc la râpe à légumes près de mon oreiller, un soir, et essayai de toutes mes forces de résister au sommeil.

Bien entendu, je m'endormis profondément. Au réveil, comme je me lamentais de n'avoir rien vu, ma grande sœur de neuf ans m'avoua alors sa supercherie. On comprendra que je fus très vexée. En fait, j'éprouvais surtout du regret qu'il n'y ait pas de lutins dans la râpe à légumes. Cela m'aurait comblée de joie ! Où pouvaient-ils donc loger ? Car je ne doutais pas plus de leur existence (malgré ce que disait Monique) que de celle de mon ange gardien.

Le matin de ma première communion, maman me dit, en ajustant le voile blanc sur ma tête : « Aujourd'hui est un grand jour, Jésus écoute toutes les prières. Demande-lui ce que tu veux. » Ma chère maman avait sûrement en tête l'obtention de quelque vertu transcendante qui aurait embelli mon âme. Mais moi, éblouie par ce pouvoir inattendu, j'en profitai pour demander ce que je désirais le plus au monde : des patins à roulettes. Et j'attendis, pleine d'espoir. À mesure que les jours passaient, il devenait toutefois évident que si Jésus avait écouté ma prière, Il n'était pas d'accord pour les patins. J'en fis tristement mon deuil en pensant que, peut-être, je ne les avais pas mérités, car je n'osais accuser maman d'avoir menti, ni le bon Dieu de n'être pas assez généreux. Gros cas de conscience pour une fillette de six ans et demi. Je reçus tout de même les fameux patins... le jour de mes treize ans. Au moins, Jésus avait une bonne mémoire.

Au cours des décennies, ma candeur et ma confiance se sont évidemment pas mal émoussées. J'ai appris à me méfier, à me défendre et à former mon propre jugement. Mais au fin fond, je pense que je suis restée la même, et qu'il subsiste en moi une zone d'enfance où vont se réfugier un profond désir de croire en la bonne foi des gens, un petit reste de pensée magique et l'amour du merveilleux. Mais je ne le dis pas trop fort...

★ ★ ★

C'était un dimanche après-midi. Par quel extraordinaire concours de circonstances douze des treize membres de la famille avaient-ils trouvé, en même temps, occupation hors du nid ? Je ne peux pas me rappeler le pourquoi, mais j'étais seule. Assise à la longue table de la cuisine, je lisais *Robinson Crusoé* pendant qu'un refrain populaire que j'aimais bien jouait à la radio : *A Sentimental Journey*.

J'éprouvais un profond bien-être et une grande paix, choses que notre bruyante maisonnée pouvait rarement offrir. Dehors, sous le soleil pâlot de cette fin de mars, le Richelieu brillait d'un éclat argenté.

Délaissant mon livre, je sortis au bord de l'eau. Quelques plaques de neige subsistaient, ici et là, sur la pelouse humide, mais l'air était doux. Les grands saules se détachaient en noir sur le gris métallique de la rivière et des rayons de soleil traversant les nuages en longs traits obliques −comme on voit parfois sur les images pieuses− donnaient au paysage un aspect irréel, intemporel. Avec une émotion jusqu'alors inconnue, je demeurai longtemps à contempler cette lumière étrange et merveilleuse, comme si j'en attendais une sorte de révélation...

J'avais douze ans et, bien sûr, je savais que j'allais bientôt devenir une adolescente. J'observais les transformations de mon corps, mais je ne comprenais pas ce qui s'agitait dans mon cœur et dans ma tête. Je m'isolais de plus en plus souvent avec un livre. Je recherchais la tranquillité. Les cris et les querelles m'exaspéraient. Un héritage paternel, sans doute, que ce besoin de silence, cette aversion naturelle pour le bruit, l'agitation et le désordre. Sur ce plan, telle je me révélais à douze ans et telle je suis restée.

Quand il m'arrive d'entendre par hasard A *Sentimental Journey*, qui ne figure plus au *hit-parade* depuis belle lurette —ou quand je vois une certaine lumière, un cours d'eau argenté–, instantanément, le souvenir de ce dimanche après-midi fait irruption dans ma mémoire, comme si ces éléments en étaient devenus indissociables pour toujours. Je retrouve intacte, au fond de moi, la même impression d'attente et de questionnement. Mais aujourd'hui, je sais que la vie ne donne pas toutes les réponses.

★ ★ ★

Le chemin de fer menait sa ligne transversale au-dessus de la rivière, à quelques dizaines de mètres de chez nous et presque dans la cour du grand Couvent. De jour et de nuit, notre univers sonore était rythmé par le passage des trains à heure fixe. Le soir dans mon lit, bien au chaud sous les couvertures, j'aimais entendre le roulement scandé des wagons et le cri déchirant de la locomotive. Je ne sais pourquoi, mais j'y trouvais quelque chose de berceur, de rassurant.

Le pont du chemin de fer s'insérait dans notre paysage fluvial, à la manière de celui d'Argenteuil dans une toile de Monet. Ajoutons les embarcations tranquilles des pêcheurs à la ligne, posées çà et là sur la rivière, les arbres qui se mirent dans l'eau, le bleu intense du ciel, et le tableau est complété. C'était la vue que nous avions de notre jardin, le décor que j'ai tant aimé. Rien ne venait en troubler la quiétude, sauf parfois le passage d'un hors-bord, dont les sillons faisaient mollement tanguer les barques avant de s'évanouir sur la grève.

Hiver comme été, sous le soleil comme sous l'orage, le Richelieu est omniprésent dans mes souvenirs d'enfance. Il faisait partie intégrante de notre vie, de nos jeux. Durant les vacances, les beaux jours se passaient dans l'eau ou sur l'eau : longues promenades en chaloupe et longues heures de baignade au Yacht Club de Saint-Jean, d'où je revenais épuisée, avec les lèvres et les ongles bleus. À sept ou huit ans, quand j'étais dans l'eau, on ne pouvait plus m'en sortir et je me moquais de mes grandes sœurs et de leurs amies qui restaient étendues sur le *pier* à se faire bronzer au lieu de jouer dans l'eau comme moi.

Le Yacht Club de Saint-Jean était un endroit plutôt sélect et il fallait en être membre pour le fréquenter. Denise et Fernande détenaient leur carte, mais pas le reste de la famille, *because* les sous. Ça ne nous empêchait pas d'aller nous baigner là tout l'été. Profitant d'un contrôle peu vigilant, nous trouvions le moyen de nous faufiler, ni vu ni connu. Mais moi, je me sentais mal à l'aise dans cette situation, parce que je craignais toujours d'être confondue et renvoyée dans la honte !

L'été de notre déménagement, nous avions constaté avec tristesse que l'eau de la rivière derrière chez nous était impropre à la baignade et que, par conséquent, pour se rafraîchir pendant les grandes chaleurs, il faudrait retourner au Yacht Club et se taper à pied les trois kilomètres qui nous en séparaient désormais. Donc, un jour, par une température suffocante, je partis d'Iberville seule, mon maillot et ma serviette sous le bras, pour aller me baigner. Sans mes sœurs aînées, j'avais encore plus d'appréhensions quant à la façon dont je passerais l'entrée. Si par malheur le gardien me réclamait la carte, que ferais-je? Tout à coup, le cœur me manqua : ce n'était pas le gardien habituel que je vis, mais le gérant lui-même, un grand sec à l'air peu aimable, qui lisait son journal assis dans le parterre devant la porte. Au lieu de passer tout droit, mine de rien, je m'avançai vers lui, poussée sans doute par la peur d'être prise en flagrant délit de resquillage, comme si les mots « n'a pas la carte » avaient été imprimés sur mon front. Timidement, je lui annonçai : « Mon père va venir m'abonner plus tard. » C'était faux, mais je croyais qu'avec cette assurance, il allait gentiment m'inviter à aller me baigner. Eh bien non ! Il inclina la tête, me jetant à peine un regard, et remit le nez dans son journal. Alors moi, stupide, je tournai les talons, mon petit rouleau sous le bras et la mort dans l'âme, pour refaire les trois kilomètres sans avoir eu la chance de mettre un orteil à l'eau. Cet escogriffe de gérant me laissa m'en retourner bredouille, sous une chaleur caniculaire. Il est probable qu'il ne s'aperçut même pas de mon départ. C'était moi que la peur d'être refusée avait fait fuir sottement. On a beaucoup ri de moi à la maison ce jour-là.

★ ★ ★

Lucie et Michèle Gagnon étaient les petites-filles de nos voisins, au bord de l'eau. Pensionnaires durant l'année scolaire, elles passaient les vacances chez leurs grands-parents, et nous étions vite devenues amies. Dans la chaloupe de leur grand-papa, nous nous baladions inlassablement sur la rivière, nous arrêtant pour barboter ou nous faire griller le dos au soleil en mangeant nos sandwichs. Puis, les rames relevées, nous laissions l'embarcation dériver jusque sous le pont du chemin de fer, du côté des rapides. La force du courant à cet endroit nous donnait l'impression de braver le danger. En réalité, l'eau qui bondissait sur les roches n'était pas profonde et nous risquions surtout d'endommager la chaloupe, ce que le grand-père n'aurait pas apprécié.

Les rapides, j'aimais aller les voir de près, « par en bas », comme on disait. Et seule de préférence. Pour rêver, réfléchir, faire le point, pleurer une grosse peine ou calmer une colère. C'était ma façon de ventiler, durant l'adolescence.

Je partais à bicyclette. Les quelques kilomètres de trajet m'amenaient dans la partie la plus résidentielle de la ville, avec ses magnifiques propriétés riveraines. Une fois sur place, j'appuyais mon vélo contre un arbre et, du haut du chemin, je contemplais ces eaux vives qui rutilaient au soleil, entre les berges verdoyantes, et je me disais qu'il n'y avait rien de plus beau. Puis, je descendais sur la grève où, la nuit, les pêcheurs vidaient les cages à anguilles. Assise à même le sol, les coudes sur les genoux, le visage dans les mains, je pouvais rester une heure à regarder le bouillonnement de l'eau, à écouter son bruit.

★ ★ ★

J'aimais l'hiver (et je l'aime toujours, pourvu qu'il ne se livre pas à trop d'excès). Dans notre petit patelin, il demeurait blanc longtemps après une bonne bordée. Ah! que de magnifiques poudreries j'ai vues tourbillonner sur le Richelieu, transformé par le gel en une large et blanche avenue! J'aimais marcher dans la tempête et recevoir en plein visage ses rafales de neige folle; j'aimais les jeux que l'hiver offrait et qui nous étaient accessibles en ce temps-là, les glissades en traîne sauvage, les combats de boules de neige, le patin.

Quelquefois, les garçons du voisinage, évidemment intéressés, venaient donner un coup de main pour aménager une patinoire sur la glace de la rivière derrière chez nous. Ils déblayaient un grand rectangle et le bordaient avec des sapins abandonnés qui finissaient ainsi leur carrière après les fêtes.

Pendant que les garçons s'entraînaient au hockey, moi, je m'exerçais à patiner. Je n'étais pas encore bien experte, je patinais surtout «sur la bottine», mais j'adorais! Souvent, le soleil déclinait à l'horizon, rosissant le ciel et étirant des ombres violettes sur la neige, quand je me décidais à rentrer, les pieds et les mains transformés en glaçons. Si elle m'entendait pleurnicher parce que le dégel était douloureux, maman disait: «T'avais "en belle" de rentrer plus tôt.»

Iberville avait sa patinoire municipale. Elle était fréquentée par des gens de tous âges qui évoluaient au rythme des valses de Strauss ou de la musique américaine dont les haut-parleurs diffusaient le son à des rues à la ronde. Le populaire *Stardust* jouait plus souvent qu'à son tour. Le soir, des projecteurs éclairaient la glace et on allait voir patiner comme on allait au spectacle.

J'admirais, avec un brin d'envie, les filles qui portaient un seyant costume à jupette et de beaux patins blancs, dits «de fantaisie». Je n'avais que des patins de garçon à courtes bottines noires et naturellement, pas de costume spécial. Ma coquetterie naissante en souffrait. J'aurais bien aimé, moi aussi, me pavaner dans de beaux atours. Mais ce désir, comme tant d'autres, se situait dans la zone marquée inaccessible. «Ce qu'on ne peut avoir, mieux vaut n'y point songer», dit Gide ; je ne connaissais pas encore Gide, mais c'est bien ce que j'essayais de faire avec mon petit côté «raisonnable» d'enfant du milieu de la famille.

Je délaissai peu à peu le patin, cependant, pour me découvrir, au cours de l'adolescence, une passion soudaine pour le ski. La cause en était une jeune championne au sourire «Colgate» que j'avais vue, dans les actualités au cinéma, recevoir une médaille d'or après une descente spectaculaire. Emballée, je me dis que rien ne devait être plus enivrant et je me mis à rêver de gloire sportive.

Sur la petite colline, derrière l'église protestante où j'allais glisser, je troquai résolument le traîneau pour une paire de skis d'occasion. Ah! quel plaisir j'éprouvais à descendre cette butte inoffensive en m'imaginant être une championne de slalom géant!

Malgré mon peu d'expérience et un manque quasi total de technique, je m'enhardis un jour jusqu'à me rendre à Saint-Grégoire, petite station de ski non loin d'Iberville. Arrivée au pied des pentes avec mon équipement vétuste, j'avoue que je commençai à ressentir un peu d'anxiété. D'abord, j'eus du mal à me mettre sur mes skis. La neige adhérait aux semelles de mes bottes et je perdais l'équilibre chaque fois que je soulevais un pied pour la dégager. L'absence d'une zone plate au bas des pistes était en partie responsable de cette difficulté. Je dus solliciter l'aide de deux garçons complaisants. L'un me retenait pendant que l'autre grattait la neige. Merci! Bon. Il fallait maintenant essayer de me rendre au remonte-pente qui se trouvait un peu plus haut. Je n'y arrivais pas non plus. J'avançais d'une longueur, je glissais de deux vers l'arrière. Un autre gentil monsieur me tira charitablement par mes bâtons jusqu'au *ski tow*.

Un coup d'œil me suffit pour comprendre que j'irais à ma mort si j'essayais seulement de saisir le lourd câble qui roulait rapidement sur des poulies et qu'il fallait tirer vers soi pour être entraîné au sommet. De peine et de misère, je me mis alors à monter en escalier, hors piste, dans la neige molle. Tout essoufflée et transpirant sous ma tuque, je regrettais mon amicale colline. Enfin, n'en pouvant plus, je me résolus à descendre. Un mouvement pour me redresser et vlan! je partis comme une flèche, sans aucun contrôle, et allai brutalement mordre la neige une vingtaine de mètres plus bas.

Tombée sur le côté droit, le bout des skis fermement planté dans la neige, je sentis ma cheville gauche se tordre avec un *couic*! sinistre. Comme je ne pouvais pas me relever, un moniteur arriva avec diligence, détacha mes skis et me transporta au pied de la pente, non sans me taquiner un peu sur mon imprudence. Puis, il me remit comme un paquet dans les bras d'un autre qui me déposa gentiment à l'intérieur du chalet. Heureusement, ma sœur Fernande se trouvait là avec des amis et ils me ramenèrent à la maison. La pensée que j'avais eu besoin de cinq représentants du sexe fort pour me sortir d'embarras me fit sourire. Moi qui me croyais indépendante !

Immobilisée pendant trois semaines, la patte sur une chaise avec compresses de glace et tout le tralala, je décidai qu'à l'avenir, il vaudrait mieux limiter mes ambitions sportives à ce que je pouvais faire sans danger, n'ayant pas les moyens de me payer des leçons de ski. De toute manière, ma cheville demeurait fragile et il n'était plus question de sport pour le reste de l'hiver. Déçue, mécontente, pour la première fois j'en souhaitais la fin et je me serais réjouie, comme au temps de ma petite enfance, de voir bientôt arriver les casseurs de glace de la voirie, ces précurseurs du printemps. On n'était qu'en janvier. Je devais prendre patience.

⋆ ⋆ ⋆

Les couchers de soleil sur le Richelieu nous émerveillaient. « Regardez-moi ce coucher de soleil ! » s'extasiaient Denise et Fernande. Je regardais de tous mes yeux le ciel rougeoyant, et si très jeune, ma sensibilité s'est éveillée à la beauté de la nature, c'est à mes grandes sœurs que je le dois. Elles discutaient des couleurs, prétendant que l'or et le rouge dominaient en été, et le rose orangé en hiver. Maman les appelait les spécialistes du soleil couchant.

Nous demeurions depuis plus de trois ans dans la maison au bord de l'eau lorsqu'un fait arriva qui bouleversa notre vie, modifiant notre paysage intérieur et extérieur d'une manière importante. Un jour, nous voyons débarquer dans la cour des hommes casqués et armés de grandes scies, de haches et de câbles. Je demande à maman : « Qu'est-ce qu'ils viennent faire ? » Elle me répond tristement : « Abattre l'érable. Le terrain a été vendu. On y construira une maison. » Je demeure incrédule. Mes sœurs aînées sont en colère. Dehors, les voisins s'alignent de l'autre côté de la rue, la mine basse, silencieux. Et puis le massacre commence. Oh, le triste jour ! Nous avons mal de voir débiter ainsi branche par branche cet érable bicentenaire que nous aimions tant. Mais ce n'est pas fini. Tous les autres arbres de ce côté de la cour, sauf le saule plus proche de la rivière, sont fauchés l'un après l'autre. J'avais dix ans et je ne saisissais peut-être pas toute l'ampleur de la tragédie, mais jamais je n'oublierai cette vision d'horreur : l'immense terrain hier encore peuplé d'arbres magnifiques et rempli de chants d'oiseaux, soudain tout vide, exposant ses pauvres troncs comme des morts sur un champ de bataille.

Je compris plus tard que la villa aussi avait été vendue. Peu de temps après, le nouveau propriétaire fit subir à cette jolie maison canadienne des transformations qui en altérèrent le style, lui enlevant du coup une bonne partie de son charme. Maman perdit sa belle galerie à treillis où elle aimait s'asseoir l'été, son raccommodage sur les genoux, pour prendre le frais tout en observant ce qui se passait dans la rue. Le solarium fut amputé de la grande véranda qui donnait sur la rivière ; les fenêtres de la salle à manger se transformèrent en une ouverture sans porte sur deux nouvelles chambres à coucher. Bien d'autres offenses lui furent faites afin de permettre l'aménagement d'un logis séparé à l'étage. Tante Adrienne, qui depuis longtemps désirait venir vivre à Iberville, loua ce logis pour elle-même et grand-mère Campbell. Elle l'occupa presque jusqu'à la fin de ses jours. Malgré le bonheur de les avoir tout près de nous, il était difficile de ne pas déplorer le nouvel aspect de la maison.

★ ★ ★

Les deux derniers enfants de la famille virent le jour au cours des années vécues à la Villa. Un quatrième garçon, Louis (plus tard surnommé *Peewee*), et une huitième fille, Francine, la blondinette aux yeux verts. La mort passa aussi. À deux reprises. Nous eûmes d'abord le chagrin de perdre notre petite sœur Henriette qui mourut d'une pneumonie à l'âge de cinq ans. Henriette n'était pas une enfant normale. Sa naissance longue et difficile avait endommagé son cerveau et elle n'avait aucune conscience du monde autour d'elle. Les médecins affirmaient qu'elle ne sortirait jamais de cet état végétatif. Au bout de trois ans, papa et maman, désespérés, durent la placer dans une institution spécialisée, loin de chez nous, à Baie-Saint-Paul. C'est là que « les anges sont allés la chercher », comme le disait grand-mère Campbell. On rapatria son corps. Je revois son petit visage émacié sur le satin blanc du cercueil exposé dans notre salon, et la douleur muette de mes parents.

Puis, une nuit du mois d'août 1949, à soixante-quinze ans, s'éteignit subitement grand-maman Létourneau, la douce Azilda, alors qu'avec grand-père, elle était en visite à la maison. Ce fut une profonde douleur pour maman et pour toute la famille. J'ai toujours souvenir de ses derniers moments. Elle était assise dans un fauteuil, haletante, une main pressée sur la poitrine, quand Francine, notre bout de choux de dix-huit mois, tirée de son sommeil ainsi que nous tous au milieu de la nuit, s'approcha d'elle en se dandinant sur ses petites jambes. Nous vîmes alors grand-maman, sur le point de rendre l'âme, étendre l'autre main avec un sourire navré, pour lui caresser la tête. Ultime geste maternel comme un adieu poignant à la vie (vingt et un ans plus tard, à l'urgence d'un hôpital, par le jour le plus sombre de mon existence, je verrai ma mère avoir le même geste et le même pauvre sourire en reconnaissant à son chevet ma petite Valérie, dans les bras de son père).

La vie continuait malgré ces tristes événements. Nous grandissions. Après Jacques et Marie, les jumeaux prirent à leur tour le chemin de l'école, causant des problèmes aux enseignants qui n'arrivaient pas à les différencier. Seuls les membres de la famille le pouvaient, et cela nous amusait beaucoup. Puis, Louis s'ajouta à la véritable petite troupe d'écoliers, sac en bandoulière, qui sortait de la maison tous les matins. Monique et moi passions de l'école publique au grand Couvent, et Denise, l'aînée, quittait le foyer paternel à dix-neuf ans pour la grande ville, où elle voulait apprendre la haute couture. Quant à Luce, sa dixième année terminée, elle entrait comme standardiste à la compagnie de téléphone Bell à Saint-Jean, où l'avait précédée Fernande.

Lorsque l'occasion se présenta pour papa de faire l'acquisition d'une maison à des conditions avantageuses, il décida que nous quitterions la 1re Rue. La famille y habitait depuis huit ans. J'en éprouvai un profond chagrin. Je perdais tout ce que j'aimais : le regard matinal sur la belle étendue bleue, verte ou grise, de la couleur du temps ; les couchers de soleil spectaculaires ; le jardin, les saules. À l'avenir, je ne viendrais qu'en visiteuse au bord de la rivière, elle ne serait plus ma compagne quotidienne.

Je mis des mois à m'habituer au nouveau logis. Mon cœur était resté à la *Villa des saules*.

La « p'tite rue », le jardin de monsieur Benoît et la grange du curé

Avant d'aller plus loin, je me permets ici une halte dans quelques jolis coins d'Iberville, où j'ai passé tant d'heures merveilleuses, de l'âge de sept ans jusque tard dans l'adolescence. Voici le premier de ces petits royaumes dont j'ai parlé tout à l'heure : la « p'tite rue ». En fait, c'était la future 10e Avenue, qui n'était pas encore pavée et qui ressemblait plutôt à un paisible chemin de campagne. Mais elle avait des locataires tous plus excitants les uns que les autres pour la curiosité des enfants : la grange du curé et le jardin de monsieur Benoît d'un côté et, de l'autre, un boisé profond qui cachait la propriété de gens très riches que l'on ne voyait jamais. C'est donc sur ce bout de route en terre battue, où il ne passait pas trois bazous par jour, que se tenaient nos parties de « moineau », de « drapeau » et les grands jeux de guerre : « Haut les mains ! » ; « Pow pow, t'es mort ! » ; « Pas vrai, tu m'as pas eu » ; « Moi, tu m'arais tué, mais j'm'arais ressuscité ! » Les batailles faisaient de nombreuses victimes. Aux filles, naturellement, échouaient les rôles d'infirmières, et nous soignions les blessés en appliquant des feuilles de plantains sur leurs plaies fictives.

Cependant, maman n'aimait pas beaucoup nous voir jouer dans la « p'tite rue », car au pied du boisé, les eaux du ruisseau Hazen étaient paresseuses et verdâtres, et elle s'inquiétait, mentionnant tout un cortège de maladies en « ite » –otite, laryngite, amygdalite– susceptibles de fondre sur l'enfant qui aurait le malheur d'y tomber.

Autre danger : la cabane à yacht en bois vermoulu, menaçant de s'effondrer à tout instant et abandonnée sous les arbres près du ruisseau. C'est là que les garçons se cachaient pour fumer les cigarettes qu'ils chipaient à droite et à gauche, et on chuchotait que la nuit, il s'y passait des activités encore moins recommandables...

Malgré ces affreux périls et les réticences de maman, la « p'tite rue » demeura notre terrain de jeux favori pendant plusieurs années.

On devinera que les jeux de guerre n'étaient pas mes préférés, et j'aimais bien davantage aller me promener dans le jardin du bon monsieur Benoît. C'était un jardin enchanté ! Dès qu'on franchissait la porte cochère, on pénétrait dans un autre monde, un monde de couleurs et de parfums, immobile et silencieux sous le grand soleil d'été.

Encadré par ses noyers et son verger, par les bâtiments et par la grande maison grise, il formait un petit univers clos où on avait l'impression étrange que le temps s'était arrêté.

Août débutait et je venais d'avoir sept ans lorsque j'y entrai pour la première fois, tenant par la main Jacques et Marie. Comme nous hésitions près de la porte, un homme âgé, plutôt corpulent, occupé à tailler une haie, interrompit le cliquetis de son sécateur et nous fit gentiment signe d'approcher. C'était monsieur Benoît. Un grand chapeau de paille abritait son visage hâlé où brillaient un regard aussi bleu que bienveillant et un sourire à demi caché sous une grosse moustache blanche. On aurait dit un mélange de grand-papa Campbell et du père Noël. Je fus immédiatement conquise.

À mesure que j'avançais, je me sentais envahie par une grande onde de bien-être et d'exultation. Le soleil baignait le riche potager et les plates-bandes débordantes de fleurs. Il me semblait être transportée par magie à Standbridge-East, au paradis perdu de « l'emplacement ». J'ouvre ici une petite parenthèse : jusqu'à tout récemment, je n'étais jamais retournée à Standbridge-East. J'avais peur qu'on ait gâché quelque chose ; j'avais peur de ternir mes souvenirs. Mais non. J'ai eu la joie de les retrouver intacts. La maison aux six pignons est toujours là, près du grand chemin, au milieu du même lopin de terre et entourée des mêmes grands arbres. Blotti au bord de la rivière aux Brochets où mon père allait à la pêche autrefois, le village semble à peine changé. J'ai marché lentement dans les rues, sous un soleil radieux, attendrie de revoir les vieilles maisons et leurs ravissants jardins à l'anglaise ; le magasin général, transformé en petit musée ; les champs dorés à perte de vue. Il se dégageait de tout cela une profonde impression de bonheur tranquille et de pérennité extrêmement réconfortante. Au fond de moi, une bambine de quatre ans serrait sa « doudou » retrouvée sur son cœur.

Mais revenons à monsieur Benoît. Il aimait les enfants. Il nous laissait nous promener parmi ses fleurs et ses légumes et faisait semblant de ne pas nous voir déterrer les succulentes petites carottes que nous croquions à la sauvette. Sous son grand chapeau de paille, qu'on voyait naviguer au-dessus des massifs de fleurs et des plants de tomates, il continuait à arracher les mauvaises herbes, plein d'indulgence pour nos petits larcins.

Poc, poc, poc. On l'entendait piaffer et s'agiter dans sa stalle et nous n'osions pas approcher. « Il n'est pas méchant, dit monsieur Benoît, il s'appelle Duc. » C'était un cheval entièrement roux, robe et crinière, qui nous parut gigantesque. « Hein ! tu n'es pas méchant ? » renchérit monsieur Benoît. Marie avança alors une petite main timide et lui toucha la croupe. D'un mouvement brusque, Duc tourna la tête et ses gros yeux se braquèrent sur nous. Bonté divine ! La peur nous donna des ailes et, en un quart de seconde, nous étions sur le chemin. Je suis sûre que monsieur Benoît riait sous sa moustache.

Au-dessus de la porte cochère se trouvait une sorte de grenier qui formait passage entre l'écurie et la maison. On y accédait par un escalier extérieur. Là était entreposé un bric-à-brac d'outils, d'attelages, de pots et de vieux chaudrons. Je crois que monsieur Benoît y gardait aussi le vin qu'il fabriquait. Bienvenus dans la cour, nous ne l'étions pas au grenier. Mais les enfants étant ce qu'ils sont, madame Benoît nous surprit un jour en train de fouiner dans le lieu interdit. Elle nous gronda très fort et nous renvoya chez nous : « C'est comme ça que vous nous remerciez de vous laisser venir dans le jardin ? » dit-elle. Penaude, honteuse, je m'en retournai avec Jacques et Marie, remplie de la crainte d'être bannie à jamais du jardin enchanté.

Sur la 2e Rue, au coin de la « p'tite rue », donc près de l'église, se trouvait la grange du curé, sorte de parking pour les voitures à cheval des gens de la campagne pendant qu'ils assistaient à la messe du dimanche. Longue et sombre, elle nous attirait et nous terrifiait à la fois. Aucun des petits, dont j'étais, n'osait s'y aventurer. On disait qu'il y avait plein de chauves-souris suspendues au plafond, et que des gars saouls y cherchaient refuge la nuit. Traverser la grange du curé d'un bout à l'autre, sans courir, tenait de l'exploit héroïque. Parfois, un des plus grands fanfaronnait : « Gagez-vous que j'ai pas peur d'aller jusqu'au bout, pis de revenir ? » Les yeux ronds et la bouche ouverte d'admiration, groupés serrés près de la porte, nous retenions notre souffle. Soudain, le héros, comme saisi de frayeur, faisait brusquement volte-face et revenait vers nous à toute allure. Il avait, disait-il, entendu des grognements enragés au fond d'une stalle. C'était peut-être le diable en personne avec sa fourche, qui guettait cette minute pour se lancer à notre poursuite ! Aussitôt, avec des cris aigus, la troupe se dispersait en tous sens, comme les poules d'une basse-cour visitée par un chat. Le grand, lui, restait près de la porte, hilare, et sans doute pour masquer sa propre couardise, nous criait : « C'est pas vrai ! C'était rien que pour vous faire peur ! »

Mais la grange du curé abritait à l'occasion des scènes plus romantiques. Quelques années plus tard, c'est là que l'une de mes copines avait accepté son premier rendez-vous avec un garçon. « Il m'a dit d'aller l'attendre dans la grange du curé, ce soir à sept heures », me confia-t-elle tout bas. « Vas-tu y aller ? » « Oui. On va s'embrasser. » J'étais boule-versée, troublée. Cet été-là, j'avais remarqué que quelque chose avait changé entre les garçons et les filles plus âgés du groupe. Ils se regardaient d'une drôle de manière. Sou-vent, je me sentais exclue. Mon amie arborait fièrement ses treize ans et un début de poitrine prometteur. Avec mes douze ans timides, je la trouvais incroyablement auda-cieuse. Mais bientôt, j'allais moi aussi passer dans l'autre camp et me mettre à rêver d'amour...

C'est alors, en effet, que commença une période inten-sive de lecture de romans sentimentaux communément appelés *à l'eau de rose*. Tout Magali, tout Claude Jaunière et bien d'autres y passèrent. Armée d'un matériel aussi riche, j'élaborai bientôt le profil de « l'homme idéal », à défaut duquel je ne pourrais évidemment pas être heureuse. Et comme les critères pour juger des garçons que je rencon-trais se hissaient forcément à la hauteur de ce profil, il n'était pas aisé de me plaire ! Devrait-on interdire un certain genre de littérature aux adolescentes trop romanesques ?

Rendez-vous maintenant à ma seconde halte : le bois des sœurs et le ruisseau Hazen.

Le bois des sœurs et le ruisseau Hazen

Le bois des sœurs me ravissait. C'était un poème vivant que j'avais sous les yeux à cœur de jour, en classe de 7ᵉ, où mon pupitre se trouvait devant la fenêtre. Je le voyais se transformer au fil des saisons et je tombais sous le charme. Quand le printemps débutait, une légère buée verte semblait émaner des arbres. Rapidement, elle se transformait en bourgeons, puis devenait un épais feuillage. Le ruisseau, gonflé, se donnait des airs de cascade et les oiseaux s'égosillaient. C'était si enchanteur que je regardais tout le temps dehors et oubliais la leçon. La religieuse me reprochait d'être dans la lune, mais heureusement, elle ne me déplaça jamais au fond de la classe.

Assidues au petit bois dès le début des vacances, Lucie, Michèle et moi avions un jour découvert un trésor au pied de la voie ferrée : une talle de framboisiers et de mûriers sauvages. Seule ombre au tableau, ils étaient gardés par de farouches sentinelles : les plantes d'herbe à puce ! Impossible de s'approcher des buissons sans frôler ces démones et, pour mon malheur, j'y étais allergique.

Malgré cela, le temps venu, nous partions faire la cueillette pour les confitures avec l'intention de rapporter à nos mamans respectives de quoi embaumer la cuisine pendant deux jours. Mais la gourmandise était la plus forte, et c'est avec un seau passablement entamé que nous rentrions à la maison, les mains griffées, la bouche rougie et des gargouillis plein la panse. Et inévitablement, le lendemain, j'étais couverte d'éruptions !

Un jour, munie d'une grosse casserole, la grand-mère de mes copines décida de nous accompagner, histoire de sauver la récolte. Pour parvenir aux framboisiers, il fallait, après avoir escaladé le remblai du chemin de fer et marché un bout sur les traverses, se laisser glisser en « p'tit bonhomme » le long de l'autre versant. Opération bien facile pour nous. Mais hélas, la mamie n'avait pas notre agilité, et en voulant s'accroupir, elle partit sur le dos, les quatre fers en l'air, exhibant du même coup son long sous-vêtement, et vint atterrir au pied des framboisiers, suivie de près par sa casserole. « Grand-maman, grand-maman ! » s'écrièrent ses petites-filles, alarmées. Mais elle se releva sans difficulté et dit en secouant la poussière de sa robe : « Ah ben là, vous m'avez vu tout le fondement ! » Ce fut l'éclat de rire général et, pour des fillettes dix et onze ans, un incident mémorable !

C'est à l'automne que le petit bois devenait le plus spectaculaire. Début octobre, les érables étaient les premiers à changer de costume. Des taches rouges apparaissaient un peu partout sur le vert. Puis les jaunes, les os, les vermillon et les pourpres entraient dans le bal, et là, avec le bleu intense du ciel et le soleil, c'était éblouissant !

Après quelques semaines, toute cette richesse de couleurs tapissait le sol. Novembre arrivait et les branches dénudées traçaient leurs réseaux complexes dans le ciel gris. Le ruisseau se figeait sous une fine pellicule transparente. Le bois était prêt pour l'hiver.

Quand nous quittions le grand Couvent pour le congé des fêtes, la plus exquise image de Noël qui soit s'encadrait dans la fenêtre de ma classe : le petit bois silencieux, ployant sous sa lourde charge immaculée et scintillante.

★ ★ ★

Si à l'embouchure du ruisseau Hazen, l'eau apparaissait trouble, plus on remontait vers sa source, plus elle devenait cristalline. On pouvait voir les poissons se faufiler entre les roches et les gamins attrapaient facilement de gros ouaouarons avec une ficelle garnie d'un bout de tissu rouge. Ils n'avaient qu'à l'agiter au-dessus du nez de la grenouille et hop ! elle bondissait sur l'appât. La « pôvre » ! Victime de la succulence de ses cuisses dodues, c'est le poêlon à frire qui l'attendait.

Le ruisseau Hazen était surnommé le « ruisseau des amoureux ». Tous les jours, à la belle saison, des couples s'y promenaient langoureusement, en chaloupe ou en canot. La balade, bien que courte, était romantique à souhait, et entièrement logée entre des rives sinueuses à la végétation luxuriante.

Venant de la rivière, on passait d'abord sous le pont vert (petit pont privé à l'usage du riche propriétaire invisible) et, un peu plus loin, après le tunnel de la voie ferrée, on se trouvait entre la côte escarpée de la cour du couvent et l'avancée touffue du bois des sœurs. Quelques centaines de mètres encore, puis il fallait rebrousser chemin, car le ruisseau n'était pas navigable sur toute sa longueur.

Cette petite merveille de la nature prenait timidement sa source au mont Saint-Grégoire et ondoyait à travers la campagne sur un parcours de sept milles. Au passage, il s'offrait toute la beauté du paysage environnant : bosquets de jeunes arbres, immenses champs de foin où nos pas réveillaient les sauterelles, prés fleuris de marguerites et de boutons-d'or. Chaque détour réservait d'agréables surprises. C'était notre randonnée préférée, à mes amies et moi. Ici et là, quelques vaches nous suivaient des yeux en mâchouillant, indifférentes. Puis, à l'endroit où l'eau n'avait plus qu'une vingtaine de centimètres de profondeur et coulait rapidement sur le dos rond des cailloux, nous enlevions bien vite nos sandales pour rafraîchir nos pieds poussiéreux, et en chœur nous nous exclamions : « Ah, que ça fait du bien ! » Notre promenade avait toujours la même destination : le grand tournant du ruisseau.

Nous l'avions découvert dans toute sa splendeur en poussant plus loin, un jour, notre excursion habituelle. Bouche bée, nous étions restées immobiles à contempler ce décor de rêve, où l'on aurait facilement imaginé la rencontre nocturne de créatures fantastiques, rôdant sous les vieux saules penchés qui bordaient les rives en unissant leurs branches au-dessus de l'eau. Au pied de ces saules poussait une herbe fine, douce et couchée, foulée peut-être par la danse légère de gracieuses sylphides, qui sait ? Le ruisseau murmurait joliment ; une lumière vert doré descendait à travers le feuillage et enveloppait le tournant d'un charme si ensorceleur que nous nous étions promis d'y revenir souvent.

Je tins promesse. Plus tard, même quand mes amies cessèrent de m'accompagner, je continuai à me rendre fidèlement au grand tournant. Un été, au début d'août, j'emmenai Francine, la petite dernière de la famille, qui avait alors quatre ans. Tandis qu'elle pataugeait dans le ruisseau, moi, assise au pied d'un saule, je lisais des poèmes à haute voix : Baudelaire, Rimbaud, Musset... Je me grisais de ces vers émouvants. Soudain, une feuille toute jaunie tomba sur mon livre ouvert et je songeai tristement : l'automne approche déjà ! À ma petite sœur venue s'asseoir près de moi, je dis d'un air chagrin : « Regarde la feuille jaune. » Elle promena les yeux autour d'elle, semblant ne pas comprendre, puis s'exclama : « Ben y en a plus des vertes ! » J'éclatai de rire. Elle venait de me donner une leçon. Je cédais trop facilement à la mélancolie. La joie, chez moi, était fragile. Mais son innocente remarque ranima ma bonne humeur, et je lui donnai un gros bisou pour la remercier. Oui, il restait encore beaucoup de beaux jours. L'été n'était pas fini.

★ ★ ★

Si j'ai tant pris plaisir à décrire ces lieux de mon enfance à Iberville, c'était pour les faire revivre un instant, car ils n'existent plus tels que je les ai connus. Le bois des sœurs a cédé la place à un grand terrain sportif ; on a assagi de force le ruisseau serpentin et il coule à présent droit comme un canal, le long de la voie ferrée. Envolée, disparue aussi, la magie du grand tournant. Des maisons ont été construites là où il y avait de beaux jardins, des champs et des boisés, repoussant la campagne toujours plus loin. Tristesse. Nostalgie. Mais je me secoue et j'interdis à ces images nouvelles et douloureuses pour moi de se superposer à celles que je conserve si précieusement dans ma mémoire.

Le grand Couvent

Le déménagement du 1er mai 1942 avait inauguré, pour la famille, l'ère de la navette entre les deux rives du Richelieu. C'était la réalité quotidienne d'une grande partie de la population d'Iberville. On pouvait habiter Iberville, mais on travaillait le plus souvent à Saint-Jean ; on faisait ses emplettes à Saint-Jean ; on allait au cinéma et dans les restaurants à Saint-Jean. Iberville, considérée comme résidentielle, possédait peu de commerces importants.

Pour Fernande, Luce, Monique et moi, qui n'avions pas terminé notre année scolaire à Saint-Jean, cela voulait dire une douzaine de kilomètres à pied, tous les jours ou presque, jusqu'à la fin de juin. Pas d'autobus pour les élèves en ce temps-là.

Heureusement, notre nouvelle école à Iberville, celle que nous allions fréquenter l'année suivante, se trouvait à moins de quinze minutes de marche de chez nous. C'était l'école primaire publique, dite la « petite école », qui résidait dans l'ancien palais de justice de la ville. Son nom véritable : école Notre-Dame-de-Lourdes. Les religieuses de la Congrégation de Notre-Dame y enseignaient et je complétai là, sans histoire, mes deuxième, troisième et quatrième années primaires. Comme j'allais monter en cinquième, il fut décidé que Monique et moi irions rejoindre Luce au grand Couvent, où elle était déjà externe depuis deux ans.

Le grand Couvent, institution privée prestigieuse dirigée aussi par la Congrégation de Notre-Dame, avait accueilli les filles jusqu'à la dixième année avant d'offrir, en 1948, le tout nouveau cours Lettres-Sciences, cours équivalant à un premier baccalauréat. Le grand Couvent avait sa petite histoire :

Belle maison de pierre au toit mansardé, construite vers 1800 par un riche bourgeois, au bord du ruisseau Hazen, elle fut achetée par les commissaires d'école en 1854 et convertie en académie pour les garçons. Vendue aux religieuses quatre ans plus tard, elle devint le grand Couvent pour les filles. Ce couvent s'acquit rapidement une réputation d'excellence. Le nombre des élèves pensionnaires et externes grandissant chaque année davantage, les religieuses durent restaurer et agrandir les lieux. L'aile gauche fut ajoutée en 1888 et celle du nord-est en 1909.

C'est la description un peu froide que l'on pouvait lire dans une publication parue en 1984, l'année du 125e anniversaire d'Iberville. Mais ce vénérable couvent n'avait rien de glacial, au contraire ; il était très accueillant. Peut-être parce qu'il ne ressemblait pas à une institution religieuse, mais justement à la demeure d'un bourgeois du XIXe siècle. On se serait cru quelque part à la campagne, avec le potager et les dépendances qui comprenaient la petite maison du concierge et un grand bâtiment de bois gris ayant jadis abrité une forge et une écurie. Le domaine entier était noyé dans la verdure.

J'avais tout de même un peu le trac en franchissant pour la première fois le seuil de cette antique résidence, le jour de mon inscription. La sœur portière me fit attendre un moment dans le parloir des religieuses. Assise du bout des fesses sur une chaise raide en bois foncé, je contemplais le parquet reluisant, tandis que du haut de leur cadre, des ecclésiastiques à l'œil altier semblaient me toiser sévèrement.

Puis la supérieure, mère Saint-Jean-de-L'Eucharistie, ouvrit la porte de son bureau et je l'aimai tout de suite en la voyant. Courtaude, replète, le visage poupin, elle n'avait certes rien de l'austère religieuse. Et c'est grâce à elle si mes sœurs et moi pouvions étudier au grand Couvent. Elle avait fait une sorte de prix d'ami à mon père, qui n'aurait pas eu les moyens d'y faire instruire trois de ses filles en même temps. Nos résultats à la « petite école » lui étant apparus au-dessus de la moyenne, mère Saint-Jean souhaitait nous voir poursuivre des études plus avancées.

Très consciente, à dix ans, et peut-être un peu honteuse de la modeste condition de ma famille, c'est avec un surcroît de timidité que j'entrai dans son bureau. Mais elle sut me mettre rapidement à l'aise, et après l'entretien, je me sentais toute fière d'être devenue élève du grand Couvent.

Quelques semaines plus tard, j'entrais en classe de cinquième. La religieuse qui l'enseignait présentait tous les symptômes de l'épuisement professionnel. Elle s'emportait à tout moment, criait après les élèves, et comme elle ne tarda pas à découvrir ma quasi-nullité en calcul, je devins une des cibles préférées de ses colères. Cela n'arrangeait pas ma timidité. Si j'étais faible en arithmétique, je n'avais par contre aucun mal dans la plupart des autres matières et j'apprenais bien mes leçons. Il me semblait qu'elle aurait dû faire la part des choses, et mon sens de la justice s'en trouvait offensé. Heureusement, je finis par m'endurcir. Tout doucement, je me liais avec quelques-unes de mes petites compagnes et, malgré la sévérité de notre institutrice, il y avait de bons moments.

Tous les 25 du mois, la procession du petit Jésus de Prague nous faisait faire le tour presque complet du couvent. L'exercice permettait de sauter une heure de classe, ce qui n'était pas négligeable, et nous divertissait de la routine habituelle.

Une heureuse élue, probablement l'élève jugée la plus méritante, portait la statue, pendant que quatre autres élèves, méritantes aussi, sans aucun doute, tenaient les quatre longs rubans qui y étaient attachés. Je n'eus jamais l'insigne honneur de porter le petit Jésus de Prague, ni même de toucher un des rubans qui allaient avec. Mais cela ne m'a pas trop marquée.

Une fois bien rangée derrière le pieux quintette, notre colonne s'ébranlait pour la grande tournée à travers les couloirs et les escaliers. Les vieux parquets de bois craquaient et chaque passage d'un train les faisait trembler sous nos pieds pendant que toutes les vitres claquaient des dents. Ces bruits familiers accompagnaient nos litanies.

Nous montions jusqu'aux deux dortoirs, celui des grandes et celui des petites, lieux interdits aux externes en temps normal. Je remarquai que dans le second, il n'y avait pas de rideau pour séparer les lits, seulement le petit meuble, sur lequel se trouvaient le pot à eau et le bassin de toilette. Et je me posais des questions au sujet de l'intimité. Une pensionnaire m'expliqua alors comment s'y prendre pour se déshabiller et se laver «pudiquement» en présence des autres : on passait d'abord la grande jaquette, sauf les manches, par-dessus l'uniforme, puis on enlevait ses vêtements et on se lavait ensuite par en dessous. Cela me parut bien compliqué !

Enfin, notre interminable procession de couventines en robe noire et voile blanc se terminait à la chapelle. Chants, prières.

Chants, prières, devoirs, leçons, bulletins, débats, examens ; amitiés faites, défaites et refaites. Mes sixième et septième années se déroulèrent tranquillement, sous le signe de la docilité. C'est avec mère Saint-Pierre, en sixième, que je pris vraiment goût aux études. Elle se montrait exigeante et donnait beaucoup de travail, mais je l'aimais bien. Nous avions régulièrement trois devoirs : de français, d'anglais et de mathématiques. Des leçons de catéchisme, d'histoire, de géographie et de grammaire.

J'arrivais à la maison à quatre heures et demie, j'étudiais jusqu'à six. Je remontais à ma chambre un peu avant sept heures et, vers dix heures, je refermais mes livres. Ouf! dodo. Pas de temps pour les mauvaises pensées.

Et ainsi de suite pendant les cinq années suivantes, avec l'addition du latin, de l'algèbre et de la géométrie ; de la psychologie, des littératures française et canadienne et de l'histoire ancienne. Deux ou trois matières pouvaient alterner, mais le travail qu'il fallait emporter chez soi restait considérable, surtout pour les fins de semaine. C'était la norme, et personne ne jugeait cela exagéré.

Les langues étaient mes matières les plus fortes et de loin celles que je préférais, avec l'histoire. Je haïssais les chiffres depuis la première année et les sciences ne m'emballaient pas. Autant j'aimais travailler les grammaires anglaise et française ainsi que le latin, ses thèmes et ses versions, autant le moindre problème d'algèbre me mettait en rage parce que je n'y comprenais rien. C'est dans les compositions françaises où l'on pouvait donner libre cours à son imagination que je me sentais le plus dans mon élément. Souvent, la maîtresse lisait mon travail à toute la classe, ce qui me plaisait bien, car je caressais l'espoir, enfin, je rêvais d'être écrivain, un jour.

En première Lettres-Sciences, à l'occasion d'une célébration quelconque, j'écrivis une pièce de théâtre en trois actes intitulée *La bénédiction paternelle*. J'y exaltais le respect des traditions. Un membre d'une famille du Québec s'étant installé aux États-Unis avait anglicisé son nom et, en visite au pays pour le Nouvel An, s'était moqué de la coutume de la bénédiction. Remontrances, discours patriotique et moralisateur s'ensuivaient.

Je jouais le rôle du père avec des moustaches dessinées au crayon. Comme si cette indication de masculinité ne suffisait pas, les sœurs m'improvisèrent un pantalon avec deux longues manches noires fixées sous la jupe de mon uniforme. Je devais faire un drôle de petit monsieur, surtout qu'à l'époque, je portais des tresses qui me descendaient jusqu'à la taille!

La pièce remporta un grand succès, et monsieur le curé me félicita.

★ ★ ★

Même si nous étions toutes en pleine puberté, le sujet de la sexualité demeurait tabou, aussi bien à la maison qu'au couvent. Les sœurs s'en remettaient à notre aumônier, un abbé de la paroisse, pour aborder « ces choses ».

Dans un entretien spécial en présence de notre maîtresse, il vint un jour nous parler à mots pudiques de cette période de la vie où le corps de l'adolescente se transforme pour lui permettre d'être mère plus tard ; de l'attirance sexuelle destinée à encourager la fondation d'une famille, etc.

En l'écoutant, nous nous regardions par en dessous avec des petits rires gênés. Mais quand l'abbé, soudain emporté, insista sur le plaisir attaché à l'acte procréateur, le visage de la pauvre religieuse assise devant nous s'embrasa jusqu'au front. Impossible pour elle de dissimuler son embarras. La compassion n'empêcha pas un fou rire irrépressible de gagner la classe entière.

Ce bon abbé avait la réputation d'aimer consoler les femmes et les jeunes filles qui lui confiaient leurs peines. Faisant office, en tant qu'aumônier, de directeur de conscience, il nous recevait, une à une, pour nous dispenser ses lumières. Mon tour arriva, et n'ayant pas de chagrin à épancher, je restais à une certaine distance. Il me pria de venir m'asseoir près de lui et entoura mes épaules de son bras en rapprochant sa tête de la mienne. Je ne savais quelle contenance prendre. J'avais treize ans et c'était la première fois qu'un prêtre me traitait de cette manière. Il dut me sentir peu réceptive, car l'entretien se termina bientôt, me laissant fort perplexe. Il agissait ainsi avec la plupart des filles, et le plus étrange, c'est que nous pensions toutes qu'il fallait accepter ce comportement, même si cela nous mettait mal à l'aise. Ô innocence! On apprit plus tard que l'abbé avait brisé ses vœux pour s'enfuir avec une jeune fille enceinte de ses œuvres. Pauvres religieuses! Si elles avaient su que le loup était dans la bergerie!...

★ ★ ★

Mes deux premières années Lettres-Sciences furent des plus raboteuses. J'étais à l'âge où tout devient matière à drame et à ruades dans les brancards. Ayant perdu une bonne partie de ma timidité, j'entraînais certaines de mes compagnes dans une attitude d'arrogance, d'hostilité et de provocation. «Vous êtes une tête forte», grondait la religieuse. Et alors qu'il était de bon ton de prendre un air contrit sous les réprimandes, je jouais l'impassibilité complète, visage lisse et regard indifférent. Surtout, je ne baissais pas ma «tête forte», leadership oblige! Aujourd'hui, je dirais que j'aimais paraître *cool*.

Jano, Lise, Huguette et moi, les quatre mousquetaires, revenions du couvent le plus souvent ensemble. Et c'étaient des commentaires sans fin sur ce qui se passait en classe, sur telle ou telle compagne, sur mère Saint-Ovide que nous avions prise en grippe (à tort sans doute, mais il fallait bien se plaindre) et sur la somme scandaleuse de devoirs et de leçons. Parvenues au coin de ma rue, radoucies, nous en étions à nos chanteurs préférés. Jano se pâmait pour Georges Guétary, Huguette pour André Dassary, et Lise... je crois que Lise ne se pâmait pour aucun chanteur, elle était trop sérieuse pour cela. Quant à moi, toutes mes pensées allaient à Luis Mariano. Ah! mais c'est que la chanson française tenait une place diablement importante dans notre vie, à l'époque. Nous écoutions avec ferveur la radio de CKVL, où elle était diffusée toute la journée. Je sautais sur l'appareil dès que j'en avais la chance, car il y avait souvent des disputes entre mes sœurs et moi à ce sujet. Elles préféraient le *hit-parade* américain, et je devais abandonner le terrain quelquefois, à ma grande frustration. Le pire, c'est qu'elles se moquaient de ma passion pour le beau Luis. Ça me rendait furieuse.

Après un long moment à causer sur le trottoir, nous finissions quelquefois par entrer chez Rome, pour continuer nos bavardages en sirotant une orangeade au comptoir. Pauvre monsieur Rome, honnête et digne commerçant; ce qu'il entendait de folleries de notre part! Il nous regardait parfois, découragé, l'air de dire «c'est-y possible!» Mais l'heure avançait, et il fallait rentrer à la maison entreprendre la «tonne» de travaux que nous collait tous les jours notre «méchante» maîtresse.

Une fois passée cette période de contestation, la bonne élève en moi reprit le dessus et j'entamai la troisième année du cours avec enthousiasme. L'arrivée d'une nouvelle religieuse, mère Sainte-Thérèse-du-Sacré-Cœur, jeune, souriante et dynamique, influença beaucoup l'état d'esprit de la classe. L'entrain régnait.

Personnellement, je ressentais un immense désir d'en apprendre le plus possible, de me perfectionner, de bien préparer mon avenir. Je voulais être « quelqu'un ». Un renouveau de piété accompagna tout cela et, aux offices, je priais avec ferveur.

★ ★ ★

Plus la fin des études approchait, plus je me sentais attachée à mon alma mater. Un jour, je rêvais devant l'une des fenêtres de la classe. Il faisait un temps superbe, et je me disais : « C'est la dernière fois que je regarde le printemps du haut de cette fenêtre. » Dans la cour, les lilas répandaient leur parfum intense et grisant qui montait jusqu'à moi. Je voyais les grands arbres, la pelouse striée d'ombre et, au fond, derrière les peupliers, un petit morceau de rivière qui brillait au soleil. Mon cœur s'attendrissait.

En classe, si le cours devenait ennuyeux, il n'y avait qu'à tourner le regard vers le paysage et l'esprit prenait son envol, s'évadait de la triste réalité. L'évasion pouvait même se produire physiquement, de temps à autre, quand on redoutait d'être questionnée sur un travail. Une élève levait la main, comme pour réclamer la permission d'aller aux toilettes, et sortait tout bonnement de la classe dès qu'elle sentait la soupe chaude.

J'ai personnellement utilisé le stratagème à quelques reprises et j'en profitais pour emprunter le fameux escalier d'honneur, interdit aux élèves, et dont la spirale élégante s'élançait jusqu'au deuxième étage. Avec désinvolture, et après m'être assurée qu'aucune religieuse n'était en vue, je prenais le bel escalier aux marches creusées par les ans. Ma main glissait avec nonchalance sur la rampe de bois poli. J'étais la châtelaine de céans qui descendait au bal en robe à crinoline.

Je revois la grande salle avec ses douze fenêtres, devant lesquelles douze précieuses fougères prenaient leur bain de soleil. Elles étaient la fierté de mère supérieure, et on nous défendait d'y toucher de peur de les faire jaunir et périr.

Polyvalente, la grande salle servait de salle de musique et de spectacle, de parloir pour les pensionnaires et de gymnase au moment des cours de gymnastique rythmique, que les religieuses appelaient « callisthénie ». À ce propos, je me dois de souligner l'esprit avant-gardiste du couvent, car notre professeur était un monsieur, le major Yvan Coutu, bel homme dans la quarantaine à la fière moustache noire. Mais que l'on se rassure, une religieuse chaperonnait les cours, surtout lorsque le fils, André, à peine plus âgé que les finissantes et pas vilain du tout, remplaçait le père. Nous apprenions des numéros d'ensemble et de courtes chorégraphies qui étaient données en représentation aux parents à la fin de l'année, dans la grande salle.

Ses mille échos résonnent encore dans ma tête : leçons de piano, exercices de la chorale et exhortations de la maîtresse de chant, que nous faisions parfois enrager : « Cessez de vous dissiper. Soyez attentives. » J'ai fait mes toutes premières armes de comédienne sur sa petite scène où, chaque année, le professeur de diction montait une pièce de théâtre.

L'enseignement visait la formation complète en même temps qu'une culture générale. Bien entendu, le bénitier n'était jamais loin ! Mais si nous avions à subir les rigueurs d'une éducation religieuse quelque peu étouffante, nous prenions en revanche d'excellentes habitudes concernant la discipline et le travail. Pour ma part, une certaine spiritualité ne me rebutait pas. J'aimais ces matins où nous chantions la messe à la chapelle. Toute blanche et baignée d'une lumière radieuse, il y flottait toujours les odeurs entremêlées de l'encens et de l'encaustique, avec l'arôme du café montant du réfectoire. Dans l'atmosphère fervente et la douceur du chant grégorien, j'éprouvais un profond sentiment de paix. Ces matins-là restent parmi les plus beaux souvenirs de mes années d'études.

Malgré une piété sincère, je ne croyais pas le moins du monde avoir la vocation religieuse. Aussi demeurai-je stupéfaite quand furent dévoilées, à la soirée d'adieu, les traditionnelles prédictions des « sous-graduées » pour les finissantes : elles me voyaient chez les Carmélites ! Je n'en revenais pas ! Je crois que mes compagnes me trouvaient un brin trop idéaliste et perfectionniste. Sans doute aussi trop intransigeante. Cela, joint à ma nature contemplative et à mon recueillement à la chapelle, les amenait à penser que j'étais faite pour le couvent. Mais elles oubliaient l'autre facette de ma personnalité, l'extravertie, la léonine qui entend bien garder sa part du terrain. Celle-là n'a jamais voulu s'enfermer derrière des murs ; elle veut briller et communiquer sa flamme, toucher les cœurs, cueillir amour et admiration sur son passage. Et pour paraphraser Molière : voilà comment votre fille est... comédienne.

Après la messe à la chapelle, le matin même de cette rituelle fête d'adieu, nous avions été invitées à déjeuner dans le petit réfectoire immaculé, toutes fenêtres ouvertes sur un premier jour d'été exquis. L'herbe brillait encore de la rosée matinale et les peupliers en bordure du chemin de fer dressaient nettement leur cime fuselée dans le ciel turquoise. Le café sentait bon, nous avions faim. Jambon, œufs frais, toasts, marmelade et fromages. Autour de la table, de joyeuses conversations avec mère Sainte-Thérèse, comme avec une amie. L'heure était douce, euphorisante. Les vacances nous attendaient, et nous avions seize ans.

Mais le soir venu, pendant la cérémonie, les larmes perlaient au bord des cils. Pour la plupart d'entre nous, les études s'arrêtaient là. Le temps de l'insouciance aussi. Un regret se glissait furtivement dans mon cœur. Regret de quitter les vieux murs, les classes, la cour de récréation avec son joli kiosque, témoin de tant de discussions et de confidences ; regret de quitter la vie studieuse, protégée et rassurante du grand Couvent.

Il tomba sous le pic des démolisseurs en 1969, dix-sept ans après la fin de mes études. J'en fus consternée ! Et je demeure incapable, en évoquant mon adolescence, d'imaginer ce coin de paysage sans mon vieux couvent sous les arbres.

Le parc Mercier

L'unique parc de la ville portait le nom d'un politicien du
XIXe siècle, né dans la région, Honoré Mercier. Il occupait
tout un quadrilatère avec de beaux arbres, une pelouse bien
entretenue et des allées jalonnées de bancs de bois. Au
milieu trônait un kiosque à musique, style pagode chinoise,
où l'été, la fanfare locale donnait des concerts. Tous les
beaux mercredis soirs, c'était la fête. Maman prenait congé
de couture ou de reprisage et à sept heures et quart, on se
rendait au parc en famille, sauf mes sœurs aînées qui, elles,
avaient d'autres distractions.

Une joyeuse ambiance régnait déjà. Les gens se
saluaient, parlaient haut. Laissés libres, les enfants déam-
bulaient en léchant leur cornet de crème glacée. Puis,
quand le chef donnait des petits coups de baguette sur
son lutrin, l'assemblée s'assoyait respectueusement et la
musique commençait.

J'avais entre huit et dix ans à l'époque et je prisais fort
le son cuivré et retentissant de la fanfare, surtout dans les
marches militaires. Le Régiment de Sambre-et-Meuse, en
particulier, me plaisait parce que j'y reconnaissais le thème
d'une émission de radio que mes grandes sœurs suivaient
avec passion : La fiancée du commando.

Iberville était fier de son Union musicale, qui passait
pour l'une des meilleures de la région. Quand ses musiciens
défilaient dans les rues, vêtus de leur magnifique costume
rouge et bleu, la population sortait sur le trottoir pour les
admirer. Un beau-frère de papa, l'oncle Gérard Gauthier,

qui se dévoua pendant des décennies à l'Union musicale, y jouait du cor français. Inspirés sans doute par son exemple et par l'assistance aux concerts, mes frères Pierre, Jean et Louis, parvenus à l'âge de jouer d'un instrument, entrèrent eux aussi dans la fanfare. Pierre jouant de la trompette, Jean du trombone, et Louis du saxophone. Mais à l'époque dont je parle, ils étaient encore des bambins.

Le concert se terminant avec l'hymne national, la foule se dispersait, et c'était la douceur du retour à la maison par les rues déjà assoupies, où les jardins en fleurs laissaient échapper des bouffées de parfums que maman humait à fond, en s'exclamant chaque fois : « Que ça sent bon le lilas... ou la pivoine... ou le seringa ! » Les diverses fragrances se succédaient au long de l'été, et elle les respirait toutes avec le même bonheur.

En évoquant le parc, je ne puis m'empêcher de penser à la boulangerie qui se trouvait en face, sur la 9e Avenue, et au boulanger, monsieur Chaput. Cet homme personnifiait la joie de vivre. Court et rondelet, la moustache et les cheveux blanc de neige, il connaissait tout un chacun par son nom. Toujours chantant ou sifflotant, il livrait sa fournée en voiture à cheval, tout comme le laitier, et sa vieille jument était si habituée au parcours qu'elle s'arrêtait d'elle-même à la porte des maisons clientes et passait tout droit devant les autres. Il arrivait, trois ou quatre pains étagés sur le bras gauche, une taquinerie toute prête pour les enfants, et dès que maman ouvrait la porte, il entonnait à sa façon le fameux cantique : « Le voici l'Agneau si doux, le vrai Pain des anges », ce qui la faisait rire. Avec lui, la journée partait du bon pied.

Monsieur Chaput boulangeait un pain savoureux dont l'odeur chaude et appétissante emplissait les rues voisines à l'heure de la cuisson. Elle nous accueillait, au retour de l'école, dès l'entrée du parc, et nous mettait l'eau à la bouche. J'en garde la nostalgie.

Si notre jovial boulanger tient une place de choix dans la galerie de portraits de mon enfance, c'est qu'il faisait partie de ces êtres qui sont le sel de l'existence, qui ajoutent à notre quotidien une note d'originalité, d'humour ou de fantaisie, ou qui simplement nous touchent par leur grande bonté. Monsieur Chaput côtoie les Maillie Robert et Bourada, le Libanais, ces petits marchands de Saint-Jean qui, avec plusieurs autres, ont laissé leur trace dans ma mémoire. Je ne peux les nommer tous, mais voici le chanoine Uldéric Decelles, curé bien-aimé de notre paroisse, à Iberville. Un homme humble et bon, au parler un peu fruste, qui ne montait jamais en chaire pour plus de cinq minutes, et toujours avec un message de réconfort qu'il livrait les yeux baissés, d'un ton simple et vrai. Avec lui, Dieu ne prenait pas l'allure d'un croque-mitaine, et il ne voyait pas le mal là où il n'y en avait pas.

Il s'avéra un allié inattendu à l'occasion d'une mini-révolution, que dis-je, presque un scandale, provoqué par le fait que Denise, notre aînée toujours pleine d'idées innovatrices, décida un jour que Monique et moi porterions désormais une frange sur le front. Les religieuses en furent indignées : pourquoi cacher cette partie si noble, siège de l'intelligence et de la présence de Dieu ? Elles semblaient craindre que les mauvaises pensées, ainsi à l'abri, n'en profitent pour se multiplier et noircir notre âme. Un peu plus et l'entrée de l'école nous était interdite si nous persistions à garder le front honteusement caché. Elles confièrent leurs alarmes à monsieur le curé. Mais cet homme à la grande ouverture d'esprit ne vit rien là de subversif : « Ah ! oui, les p'tites Campbell, celles avec le toupette. J'aime ça, moi. » La question fut réglée et la mode du « toupette » se répandit.

Je quitte notre bon vieux curé mais je ne m'éloigne pas de l'église, dont le sous-sol hébergeait la bibliothèque de la paroisse, où se dévouait mademoiselle Yvonne Labelle. J'y fis sa connaissance dès ma première visite, un dimanche après la grand-messe. C'était une vieille demoiselle au chignon gris attaché sur la nuque et surmonté presque en permanence du même chapeau, genre béret. Été comme hiver, on la voyait habillée de vêtements lourds et de gros bas de coton. Pour sûr, la mode ne la préoccupait guère. Certains la trouvaient un peu bizarre. Elle s'exprimait « en termes », comme on disait, et sur un ton parfois emphatique lorsqu'elle s'enflammait sur un sujet.

Elle m'accueillit avec le sourire et me félicita de m'intéresser aux livres en disant que « trop peu d'enfants venaient en emprunter ». Et elle me parla avec chaleur de « l'importance, voire de la nécessité, d'enrichir son esprit, de l'éclairer, de l'élever par la lecture ». C'était peut-être beaucoup pour une fillette de huit ans qui ne pensait pas encore à enrichir son esprit. Mais comme j'opinais de la tête avec un grand sérieux, elle sembla ravie : « C'est bien. On voit que tu es une enfant intelligente. » À mon tour d'être ravie.

Je sortis de la bibliothèque avec trois albums de *La semaine de Suzette*, une publication qui venait de France. On y trouvait un peu de tout : des contes, des renseignements instructifs, des récits d'aventures, des bandes dessinées, etc. Et *Bécassine* entra dans ma vie. J'eus des heures et des heures de plaisir avec les histoires ahurissantes de la brave servante bretonne, toujours gaffeuse, mais si dévouée. Comble de joie, au Noël de cette année-là, je reçus en cadeau une superbe Bécassine de chiffon, que j'aimai de tout mon cœur.

Puis, mademoiselle Labelle me proposa les livres de la « Bibliothèque Rose », du « Signe de piste » et de la Comtesse de Ségur. Autant je pleurais sur le sort du pauvre Gribouille et de François le bossu, autant les colères du général Dourakine et les malheurs de cette petite étourdie de Sophie me mettaient en gaieté. Je me plongeais avec délices dans ces mondes si différents du mien. La bibliothécaire avait bien raison : jamais on ne s'ennuyait quand on lisait un bon livre.

Pendant toutes les années où je fréquentai la bibliothèque, mademoiselle Labelle me conseilla, se réservant même le droit, à une époque, de me taquiner gentiment sur ma prédilection pour les romans d'amour. Nous bavardions toujours un moment et j'oubliais son allure singulière pour découvrir peu à peu une femme très cultivée, sensible, et qui adorait la poésie. Elle écrivait. Nous lui devions l'histoire d'Iberville sous forme de monographies et de cahiers,

et un travail sur les Sociétés d'histoire de la Vallée du Richelieu. Elle tenait la bibliothèque bénévolement et le fit pendant cinquante-sept ans !

Sa vie paraissait cependant triste et solitaire, du moins
à mes yeux. Je n'ignorais pas qu'elle avait pris soin, des
années durant, de ses parents malades. Je regardais ses
cheveux gris, son visage intelligent mais sans beauté, et je
me demandais si elle avait jamais eu un amoureux. J'ai su,
beaucoup plus tard, qu'elle était aussi l'auteure d'un roman
intitulé *La peur d'aimer*.

★ ★ ★

Le temps s'était écoulé sur mon enfance. Terminé, l'en-
gouement pour la fanfare et les jeux dans la « p'tite rue ».
J'avais presque quinze ans, et un grand adolescent aux yeux
verts faisait battre mon cœur.

Je l'avais connu au début de l'été, alors que nous étions
tous deux moniteurs pour les enfants au terrain de jeu.
Nous nous observions de loin, à la dérobée. Un soir, comme
j'assistais à un tournoi de tennis avec des amis, il arriva à
bicyclette et resta à une certaine distance. Pour me taquiner, les filles n'arrêtaient pas de me faire des signes en le
regardant. À tel point qu'un des garçons du groupe s'en
aperçut et me dit en riant, devant tout le monde : « Veux-tu
que j'aille te le chercher ? » Ah ! Quelle honte ! Je ne savais
plus où me mettre. Je ne voulais surtout pas avoir l'air de
courir après lui. Alors quand il s'approcha pour nous parler,
je pris bien soin de ne pas le regarder. Maudit orgueil !

Heureusement, quelques jours plus tard, un ami commun nous présentait « officiellement » l'un à l'autre. Je le trouvai gentil, sérieux et un peu insaisissable. Tout ce qu'il fallait pour que j'aie envie de le revoir.

C'est au parc que je le retrouvais, comme « par hasard », en me promenant à bicyclette avec l'une ou l'autre de mes amies. Rencontres bien innocentes et jamais en tête-à-tête, il va sans dire, mais qui alimentaient mes rêveries pendant des jours.

Les jeunes se donnaient rendez-vous dans le parc. Tous les soirs, on pouvait voir des grappes de garçons et de filles occuper les bancs. Ils chahutaient, se taquinaient, pour pouvoir se toucher sans en avoir l'air. Mes parents voyaient ces comportements d'un bien mauvais œil : « J'espère que tu ne t'en vas pas au parc ! » ; « Ne passe pas toute la soirée au parc ! », etc.

J'avoue qu'il m'arrivait de désobéir ou de contourner l'interdiction en rencontrant mon Roméo chez ma copine Jano, dont la mère était plus indulgente que la mienne au chapitre des garçons. De sa grande véranda, elle se contentait de jeter un coup d'œil discret sur ce qui se passait dans la cour. Rien de bien dangereux, en réalité. D'ailleurs, bardés d'interdits et pourvus de confesseurs sévères, il n'était pas question pour nous de laisser la nature s'exprimer librement. Il fallait à tout prix préserver la pureté. Je soupçonne cependant que les mêmes confesseurs se révélaient beaucoup moins stricts avec les garçons, le maintien de la pureté étant surtout la responsabilité des filles, c'est bien connu. Tout se passait donc dans l'imagination, dans les rêveries romantiques et sentimentales, et la seule présence de ce garçon suffisait à mon bonheur.

Mais « tout passe, tout casse, tout lasse ! » À la fin des vacances, je ne ressentais plus pour lui que de l'amitié pure et simple. Peut-être le jeune homme aux yeux de mer avait-il manqué, d'une manière ou d'une autre, à mon implacable code de perfection ? Je ne sais plus, mais au début de l'automne, un beau brun ténébreux le remplaça dans mon cœur.

C'était un adolescent intense et possessif. Mûr pour son âge. Il avait une façon de parler de l'avenir qui me faisait comprendre à quel point il prenait notre relation au sérieux. Toujours, s'il me voyait assise sur la galerie en passant devant chez moi, il s'arrêtait pour me parler, et dès que les classes recommencèrent, je le retrouvais sur le chemin du couvent.

Il ne cachait pas ses sentiments, et sa manière de me regarder me mettait tout à l'envers. J'aimais qu'il soit amoureux de moi. Mais sa mère et les frères à l'école, qui avaient à se plaindre de son manque d'attention, jugeaient notre amitié dangereuse.

Un jour, comme je revenais du couvent, je le vis arriver à bicyclette. Il semblait en colère et malheureux. Je le trouvai beau avec ses cheveux sur le front et son regard tourmenté. Rendu furieux par les reproches de sa mère à mon sujet, il avait claqué la porte et n'était pas retourné en classe, passant l'après-midi à errer dans les rues. Un peu inquiète, je lui conseillai de rentrer vite pour ne pas envenimer les choses et lui souhaitai bon courage.

Malgré l'interdiction de sa mère, nous avions convenu d'un stratagème pour nous voir en cachette. Il escaladait le toit de notre hangar, qui se trouvait à quelques pieds sous la fenêtre de ma chambre où je l'attendais, après le souper. Nous causions pendant de longs moments, les yeux dans les yeux, chacun de son côté de la fenêtre. Le désir d'un baiser passait et repassait dans nos regards et dans nos pensées, tel un joli papillon. Mais nous n'osions pas. Maudite pudeur !

Le parc, bien sûr, devint alors le lieu de nos rencontres clandestines jusqu'à la fin de l'automne. Puis, sa mère intervint sévèrement auprès de la mienne pour que cela cesse, disant « que les études de son fils en souffraient ». Maman lui répondit que je n'avais pas de temps à perdre non plus et… ce fut la fin de notre idylle. Je savais qu'il aurait du chagrin et j'en avais moi aussi, mais je devais admettre que son tempérament porté à l'obsession était parfois inquiétant. Dûment chapitrée, je résolus de me concentrer sur mon année scolaire, mais je pensais souvent à lui.

La splendeur de l'automne sur la ville me consolait un peu de ma tristesse. Je traversais le parc et déambulais le long des rues sans pouvoir rassasier mes yeux d'un tel chatoiement de couleurs.

Partout, de minces colonnes de fumée s'élevaient des petits tas de feuilles mortes que l'on brûlait au bord des trottoirs, remplissant l'air de cette odeur âcre et terreuse qui m'émouvait –et m'émeut encore aujourd'hui– de façon mystérieuse et incompréhensible. Je ressentais profondément la mélancolie de ces derniers jours d'octobre. Mais j'aimais la mélancolie :

Ô fins d'automne, hivers, printemps trempés de boue,
Endormeuses saisons, je vous aime et vous loue...

BAUDELAIRE

C'est la faute de mes ancêtres celtes s'il traîne encore en mon âme quelques lambeaux des brumes d'Écosse !

★ ★ ★

Un certain soir d'automne, un an plus tard, émerge de mes souvenirs avec une clarté particulière. J'avais seize ans. Bientôt, mes études terminées, il faudrait penser à l'avenir. Une foule de désirs et d'aspirations contradictoires m'agitaient.

Ce soir-là, j'étais allée me promener au parc comme je le faisais souvent. Il pleuvait un peu. Dans les allées, je foulais les feuilles mortes qui luisaient sous la lumière jaune des réverbères et l'air sentait la terre humide. Les mains dans les poches de mon imperméable, j'offrais mon visage à la bruine légère. Je me sentais belle. Dans une étrange impression de dédoublement, je me regardais me promener et soudain, j'apercevais mon amoureux. Il m'attendait sous un arbre, et je courais vers lui, *ruisselante, épanouie... Rappelle-toi Barbara...* Mais il n'y avait pas d'amoureux, et moi, je me prenais pour l'héroïne du poème de Prévert.

Il m'arrivait souvent de m'inventer ainsi des rôles, de transposer la réalité en théâtre. Là, je pouvais exprimer, sans danger, les émotions parfois violentes que je ressentais. Des émotions qui me faisaient peur et que je m'interdisais d'extérioriser, parce que j'avais appris qu'il fallait savoir se maîtriser. On aurait dit qu'inconsciemment, je les mettais en réserve pour m'en souvenir et m'en servir, plus tard, devant un public. Mais voilà : « plus tard », il faudrait que je gagne ma vie, et faire une carrière au théâtre me semblait un rêve aussi fou qu'inaccessible. Songeuse, je pris lentement le chemin du retour.

La 4ᵉ Rue

En avril 1950, le clan Campbell emménagea dans ses nouveaux quartiers sur la 4ᵉ Rue, à deux pas de chez nos cousins Gauthier, les enfants de tante Madeleine, sœur de papa, et de l'oncle Gérard, celui qui jouait du cor français à l'Union musicale d'Iberville. Le clan Campbell n'était pas uniquement composé des onze rejetons de notre famille. Nous étions une multitude de cousins et de cousines, dont ma sœur aînée, Denise, se trouvait être la charmante doyenne de 24 ans, mon père ayant été le premier de sa famille à se marier. Il y avait donc les six Gauthier, les six Pichette, les deux Worthington –respectivement enfants de Suzanne et de Marie-Alma, deux autres sœurs de papa– et les neuf d'oncle Stanislas Campbell. Une belle « gang » !

Quitter le bord de l'eau m'avait rendue bien morose. Cependant, peu à peu au cours des mois suivants, je commençai à trouver certaines qualités à notre nouvelle demeure. Elle affichait un petit air victorien pas désagréable, et si la façade, avec sa longue galerie, donnait directement sur le trottoir, en revanche, il y avait derrière un assez grand jardin et un potager qui côtoyait les lilas de l'une des cours voisines. Les fenêtres de la chambre que nous partagions, Monique et moi, ouvraient sur ce jardin et, ma foi, ce n'était pas si mal. Peut-être après tout allais-je finir par aimer la maison de la 4ᵉ Rue.

Déjà, la chambre me plaisait. Le soleil se baguenaudait gaiement sur les murs et le plafond, entièrement tapissés d'un papier fleuri. Tout de suite je la nommai « not' boîte à fleurs ».

C'est là que pendant les dix années à venir, j'irais étudier, lire et écrire mon journal ; c'est là que je me sentirais le plus à l'aise pour faire, de temps à autre, une petite descente salutaire en moi-même ; c'est là aussi que je travaillerais mes premiers rôles. C'est de la fenêtre de ma chambre que par maints soirs de rêverie, je regarderais le soleil se coucher entre deux toits, empourprant les nuages et tachant de rose les murs et les rideaux, jusqu'à ce que je ne distingue plus qu'un point lumineux à travers les branches.

★ ★ ★

Maman était toute contente d'avoir un potager. Ça lui rappelait son enfance à la ferme. Dès le début de mai, elle commença à y travailler. Elle sema un grand carré de pommes de terre, des rangs de haricots, de concombres et de carottes. Comme il restait encore de la place, elle envoya papa chercher quelques plants de tomates au marché. Mon père, qui voyait grand, en rapporta deux douzaines ! A-t-on idée de la quantité de fruits que peuvent donner vingt-quatre plants vigoureux, par un été long et chaud ? Il y eut des tomates à ne plus savoir qu'en faire. En blaguant, maman disait à papa qu'il devrait s'installer à un comptoir devant la maison, pour les vendre aux passants. Peut-être que cela aurait eu du succès. Elle en mit en conserve, fit des marinades, des dizaines de pots de ketchup, et la salade de tomates figurait au menu de tous les repas. On en donnait des bassines pleines aux voisins. La récolte semblait inépuisable. Août et septembre virent des rangées et des rangées de leurs bouilles joufflues, à demi rubicondes, tenter d'égaler la couleur sur le rebord des fenêtres de la cuisine. Mais l'arôme! Mais le goût! Cueillir l'une de ces tomates toutes chaudes de soleil; humer son odeur à la fois douce et piquante et mordre dans sa chair tendre comme dans une pomme, en la saupoudrant de sel, était un délice, un festin que je n'ai plus jamais retrouvé. Oh, dieux! Rendez-moi les tomates de mes jeunes années! On consacra ce premier été sur la 4e Rue: l'été des tomates.

★ ★ ★

Le même été (mais avant les tomates), on put me voir chevaucher fièrement la flamboyante bicyclette rouge que je venais de gagner à un concours d'amateurs, à la salle paroissiale. J'avais récité une fable de La Fontaine, *La Jeune Veuve*, et remporté le premier prix. Davantage que l'honneur, c'était de posséder enfin un vélo bien à moi qui me faisait plaisir. Fini d'emprunter celui de ma sœur Luce, et je me promettais plein de balades avec mes amies. Les beaux soirs d'été, il n'y avait d'ailleurs rien d'autre à faire que cela: se balader à bicyclette par les rues de la ville, en s'arrêtant parfois aux courts de tennis pour voir les matches, ou au croquet, quand mon père jouait dans un tournoi. Et la soirée se finissait généralement sur un banc du parc, où nous retrouvions nos petits amis de cœur.

Car c'est au cours des premiers mois sur la 4ᵉ Rue que je rencontrai mon blond moniteur et que Cupidon décida de sacrifier quelques flèches pour m'initier aux joies et aux tribulations du sentiment amoureux : un jour, je marchais sur des nuages et, le lendemain, je m'abîmais dans le chagrin pour une remarque indélicate ou un regard absent.

Cette sorte de dépendance aux humeurs d'un autre être, pour mon propre bonheur, me troublait et m'insécurisait. J'avais l'impression de perdre l'équilibre et je me sentais presque soulagée quand je cessais de m'intéresser à un garçon. Une telle disposition me portait à rechercher plutôt la camaraderie.

Par chance, ce même été, je retrouvai trois copains que j'avais un peu perdus de vue depuis le début de leurs études classiques : Marcel Choinière, Jacques Desautels et Bruno Galipeau.

Dès que je m'installais sur la galerie, j'étais certaine de voir surgir l'un ou l'autre, ou même les trois à la fois. Ils me faisaient rire en racontant leurs blagues de collégiens et je les appelais « mes joyeux lurons ». Il nous arrivait aussi de discuter fort sérieusement d'études et de musique. C'est Marcel qui me fit connaître Beethoven en me prêtant des disques. Bref, j'avais avec eux des rapports amicaux dénués de coquetterie et je trouvais cela beaucoup plus simple et reposant que d'être amoureuse.

★ ★ ★

Mes amies de classe me tenaient beaucoup à cœur, également : Lise Demers, Huguette Milot, Colette Thuot et mes anciennes voisines de la 1re Rue, Lucie et Michèle Gagnon. Mais je m'entendais particulièrement bien avec Jano Monet. Elle était drôle, moqueuse et ne trouvait jamais rien de dramatique. Ensemble, on se payait parfois de ces fous rires qui nous donnaient mal aux côtes.

Elle habitait l'une des plus belles et des plus anciennes maisons d'Iberville. J'ai déjà dit que j'aimais les maisons, eh bien ! j'adorais la sienne. Elle avait du style, de l'élégance et se tenait gracieusement sous les arbres de la rue, dissimulant avec coquetterie la chose qui lui conférait encore plus d'attrait à mes yeux : un jardin au bord de la rivière.

À ce moment-là, j'allais me baigner chez Jano presque tous les jours durant les vacances. J'y retrouvais habituellement les amis, garçons et filles, qui faisaient partie de notre joyeuse bande d'été.

Nous nous rendions en bac jusqu'à la « flotte », attachée à des piquets calcinés qui sortaient de l'eau, non loin du rivage. Des piquets « historiques » puisqu'ils étaient les derniers vestiges du célèbre Yacht Club Tressider, incendié des décennies auparavant, dans des circonstances douteuses, disait-on.

Étendue, ruisselante, sur le radeau bercé par la houle, avec le soleil sur la peau, je regardais les petits nuages en cheveux d'ange qui s'effilochaient dans le ciel bleu ; je contemplais la rivière scintillante, et un immense bonheur de vivre m'envahissait. Après la baignade, un goûter de limonade et de tartines beurrées préparé par madame Monet (que nous trouvions bien aimable et compréhensive) nous attendait sur la table du jardin. Ces heures si parfaites pourraient sembler sortir d'un récit de la Comtesse de Ségur qui s'intitulerait « Après-midi au Château avec les petites filles modèles et leurs charmants amis ». J'en souris, mais ma foi, c'était un peu cela, et je n'ai rien emprunté à la chère comtesse.

Je dévorais à belles dents ces dernières vacances de liberté et j'appréciais ma chance. Beaucoup d'adolescentes comme moi devaient se trouver un emploi d'été. Grâce, en partie, au fait que Luce et Fernande travaillaient et pouvaient aider nos parents, je bénéficiais d'un sursis jusqu'à la fin de mes études.

Monique, elle, sur le point d'obtenir son diplôme, gagnait son argent de poche en recueillant, dans les presbytères et les salons funéraires, détails et informations sur les mariages, naissances et décès, destinés à alimenter les chroniques idoines du *Canada Français*, l'hebdomadaire de Saint-Jean. Quant à moi, je me débrouillais avec le *baby-sitting*.

Mais quelque temps avant les fêtes, cet hiver-là, je voulus gagner un peu plus d'argent et me fis embaucher comme vendeuse les fins de semaine chez Woolworth, un grand magasin de Saint-Jean.

Je n'eus pas le temps d'amasser une fortune. Timide avec la clientèle, maladroite pour les emballages, j'étais en outre terrorisée à l'idée de me tromper en rendant la monnaie. Car à cette époque antédiluvienne, les caisses n'enregistraient pas les montants à remettre, et il fallait pouvoir calculer mentalement en un éclair, ce qui me flanquait le trac. Non seulement j'avais du mal avec les chiffres, mais j'en avais aussi avec l'obligation de faire vite, ce qui me rendait encore plus nerveuse. J'ai toujours détesté me dépêcher.

Je passais donc le plus de temps possible accroupie derrière le comptoir à faire semblant de ranger la marchandise, laissant ma compagne s'occuper des ventes. Elle me le fit remarquer, et avant qu'elle n'aille se plaindre à la direction, je démissionnai sous un prétexte quelconque. Ma carrière de vendeuse se termina après seulement deux fins de semaine. J'avais un peu honte. En persistant, je me serais sans doute améliorée. Mais je me sentais si étrangère, si déplacée dans ce genre de travail que je fus heureuse d'en être délivrée.

Je devais, dans les mois à venir, prendre la relève de Monique au *Canada Français*. La cueillette des avis de mariage, de naissance et de décès n'avait rien de folichon, mais au moins, n'exigeait aucun calcul mental, ce qui me convenait déjà beaucoup mieux.

⋆ ⋆ ⋆

Le 10 août 1951, jour de mon seizième anniversaire, je jubilais : j'avais seize ans, enfin ! Quinze ans, c'était encore l'adolescence, mais seize, ça se rapprochait de la jeune fille, et un bilan s'imposait. Physiquement, bon, j'aurais aimé être plus grande. Mais la structure était délicate et non dépourvue de grâce. Soyons franches, je me trouvais plutôt mignonne. Tout aussi humblement, je me jugeais intelligente et douée dans plusieurs domaines. Sur l'heure, je décidai de redoubler d'efforts pendant l'année de la fin de mes études, pour me surpasser et finir en beauté.

Mais un peu plus tard cette même journée, le bilan moral, lui, en prit un coup. Parce que mon dîner de fête n'était pas comme je l'avais souhaité, je ne pus m'empêcher d'afficher à table un air maussade qui dut sûrement chagriner ma mère. Pourquoi, mais pourquoi tant d'égoïsme et de faiblesse alors que je prétendais rechercher la perfection? Contente de moi le matin, je me dégoûtais franchement à sept heures du soir.

Comme je ruminais ma mauvaise humeur dans ma chambre, je reçus un coup de fil de ma copine Huguette : elle allait danser au Bellerive avec des amis et me suppliait d'accompagner un des garçons qui n'avait pas de blonde. Les blind dates ne me plaisaient pas trop, mais j'acceptai quand même, et la soirée fut plutôt agréable avec un cavalier de passage qui dansait bien.

Ainsi donc, le soir de mes seize ans, je pénétrais pour la première fois, et sans que les flammes de l'enfer viennent lécher mes orteils, dans cet « endroit de perdition », dans cet « antre du diable » qu'on appelait un grill !

★ ★ ★

Arriva enfin le jour de la remise des diplômes. Après des mois d'étude fervente, je finissais avec la mention « Très Grande Distinction » et j'étais contente de mon année.

Pendant la cérémonie, maman, toute belle dans un tailleur bleu, souriait, heureuse et fière, tandis que mon père fixait obstinément le plancher. Il ne leva même pas la tête quand j'allai chercher mes prix ni quand je récitai mon poème. Je savais pourquoi : il ne voulait pas montrer qu'il avait les larmes aux yeux.

Une chouette fête m'attendait à la maison. Maman avait cuisiné un gâteau en forme de chapeau de bachelier et Denise me photographia, une fausse couronne de laurier sur la tête et mon diplôme à la main, ce qui fit bien rire la famille.

Je me sentais pleine d'espoir, persuadée que des aventures extraordinaires ne manqueraient pas d'arriver durant les vacances. Mais cet été-là, déjà, les choses commençaient à changer. Je voyais moins mes copines. La plupart d'entre elles sortaient maintenant avec un garçon, alors que pour moi, côté cœur, il ne se passait rien. Je faisais vraiment figure de vieille fille, toujours assise à lire sur la galerie.

Mes sœurs aînées travaillaient, avaient leurs propres amis. Je me sentais seule. Ma petite ville me paraissait soudain morne et assoupie. Aucun lieu où rencontrer d'autres jeunes, s'amuser, danser. De quoi sombrer dans la plus noire dépression !

Puis, fin juin, un ange salvateur m'est envoyé : Marcel, un des trois lurons, se pointe chez moi, tout emballé : « Que dirais-tu de monter une pièce de théâtre avec moi, pour l'ouverture des terrains de jeux ? C'est monsieur l'abbé Descôteaux qui me l'a proposé. » Contente de pouvoir enfin secouer mon ennui, je saute sur l'occasion.

Deux courtes pièces sont déjà choisies et, en quelques jours, nous complétons la distribution. Elle est constituée de jeunes de dix à treize ans, pleins d'enthousiasme mais pas faciles à discipliner, et les répétitions se passent souvent dans un superbe chaos. Mais une fois les textes sus, mon copain et moi ne sommes pas mécontents du résultat. Quatre semaines de travail. Nous faisons tout nous-mêmes : costumes et éléments de décor. En plus, je tiens un rôle dans l'une des deux pièces. Je m'amuse, je suis heureuse.

Le fiasco final n'en est que plus cuisant ! La veille du grand jour, on nous apprend que la salle paroissiale où nous devions jouer n'est plus disponible et qu'il faudra présenter le spectacle, tôt le soir, sur une estrade en plein air. Nous sommes catastrophés ! Le jeu n'a pas été conçu à cet effet. Sur l'immense scène sans éclairage, nos pauvres petits éléments de décor semblent flotter, ici et là, comme des épaves. On ne nous entend pas. Il faut d'urgence brancher un micro.

Pendant la représentation, des enfants parlent, se déplacent et distraient les spectateurs ; une partie de baseball se poursuit à l'autre bout du terrain, à grand renfort de cris, et au milieu de ma tirade, une motocyclette démarre en pétaradant. Merci beaucoup ! Le régisseur, lui, balade le micro d'un protagoniste à l'autre en marchant en « p'tit bonhomme », croyant ainsi se faire moins remarquer. De quoi se tordre de rire. Mais je n'ai pas le cœur à la joie.

Malgré ce qui me paraît être un ratage complet, quelques personnes viennent nous féliciter pour notre travail. Moi, je me dis qu'on ne m'y reprendra plus. Trois jours plus tard, mon joyeux partenaire, nullement découragé par l'expérience, m'annonce qu'il veut monter *Les Fourberies de Scapin* pour la fin août et redemande ma collaboration. À son grand désappointement, je décline, trouvant le projet beaucoup trop ambitieux. Il n'est pas d'accord, mais dix jours de répétitions plus tard, il se rend à l'évidence : j'avais raison.

Trois petites pièces vont remplacer *Les Fourberies de Scapin*, et il m'en confie une (un acte –deux personnages). De joie, j'exécute une petite danse, car au fond, j'aurais été bien dépitée de ne pas faire partie du spectacle. Et nous filons le parfait plaisir jusqu'au vingt-six août, jour de la représentation. Cette fois, nous avons la salle et tout ce qu'il faut : éclairage, décors et costumes. Les spectateurs viennent nombreux, ils rient, ils s'amusent, et nous recevons moult félicitations. Ah! que le succès goûte bon!

La fête se poursuit jusqu'aux petites heures du matin, chez Louise Bessette, l'une des interprètes, qui a invité tout le monde, et c'est en chantant à tue-tête dans les rues endormies que nous réintégrons nos foyers.

Surexcitée, je ne fermai pas l'œil du reste de la nuit, révisant minute par minute les péripéties des dernières semaines et savourant encore et encore le plaisir que j'avais eu à jouer.

C'était la fin de ces magnifiques vacances, de ce magnifique été. Assise à la fenêtre de ma chambre, je contemplais le jardin sous une chaude lumière de fin d'après-midi. Je voyais maman penchée sur les glaïeuls, ses cheveux gris tout nimbés de soleil. Deux papillons aux ailes jaune vif se poursuivaient au-dessus des plants de tomates et j'entendais Francine babiller dans la cour des voisins, à l'ombre étroite des peupliers. Mon cœur se remplissait de gratitude. Je remerciais le Ciel pour ce décor simple et charmant, pour ma famille, pour la vie, pour le bonheur.

⋆ ⋆ ⋆

Ma sœur Denise me fit un très beau cadeau de fin d'études : elle m'invita à passer un week-end à Québec, où je n'étais jamais allée. Il faut dire que je ne sortais pas souvent de mon patelin. Cela me faisait d'autant plus plaisir que je venais de terminer la lecture d'un roman dont l'action se passait à Québec dans les années vingt ou trente. Il s'intitulait *La plus belle chose du monde*, de Michelle Lenormand, si ma mémoire est bonne. J'avais aimé l'atmosphère du livre, qui décrivait la ville comme recueillie sous les souvenirs ; elle mentionnait la rue Saint-Louis, la pâtisserie Chez Kurulu, le Château Frontenac et sa vue imprenable sur le Saint-Laurent, et une foule d'autres endroits. J'avais très hâte de connaître tout cela.

Je me sentis immédiatement chez moi dans la vieille ville, en amitié avec les pierres, les rues étroites, l'architecture ancienne que je voyais pour la première fois. Du haut de la terrasse, je contemplais le fleuve argenté sous un léger voile de brouillard, ce matin-là, et il me semblait avoir trouvé une patrie, un décor correspondant en tous points à ma nature méditative, à mon goût pour les choses du passé. J'étais heureuse et émue. Merci ma grande sœur.

Quelques heures plus tard, comme nous déjeunions à La Bastogne, un restaurant très chic, une voix connue traversa la rumeur des conversations. Je me retournai et faillis en avaler de travers : c'était Guy Hoffman et, avec lui, toute la troupe du Théâtre du Nouveau Monde : Jean Gascon, Jean-Louis Roux, Denise Pelletier, George Groulx, Robert Gadouas et Jean-Louis Paris. J'étais au comble de l'excitation, pensez donc : je venais d'une petite ville, j'avais dix-sept ans et je rencontrais par hasard, dans un restaurant, les artistes que j'admirais le plus. J'allai vite prendre des cartes sur le comptoir de la réception puis, toute rougissante, le cœur battant et, j'en ai peur, l'air d'une groupie exaltée, je demandai à chacun un autographe. Ils se regardaient entre eux et souriaient gentiment de mon trouble. Je les remerciai et, mes cartes en main, quittai la place dans une sorte d'état second.

Cette rencontre me sembla tout à fait extraordinaire et j'en parlai à tout venant. Si à ce moment-là, on m'avait prédit qu'un jour, je connaîtrais personnellement tous ces comédiens et que je jouerais avec eux, j'aurais éclaté de rire. Il y a des limites à croire aux contes de fées, tout de même.

★ ★ ★

Début septembre, Marcel, Jacques et Bruno, mes bons copains, mes joyeux lurons, repartaient pour le collège. Ils ne viendraient plus causer, rire et discuter avec moi sur la galerie. Je m'étais attachée à eux, et ils allaient énormément me manquer.

Cependant, quelques jours après mes camarades, je retournais moi aussi aux études pour une année supplémentaire : un cours commercial. J'allais perfectionner mon anglais et apprendre la sténo-dactylo afin de pouvoir décrocher un emploi de secrétaire. L'Institut Boyer, qui venait d'ouvrir ses portes à Saint-Jean, offrait également plusieurs autres options, dont les cours de français avancés et de littérature, auxquels je m'inscrivis avec empressement, pour aider à faire passer la sténo-dactylo...

Le cours de littérature me passionnait, et je buvais les paroles de notre professeure, mademoiselle Angèle Dupuis. Elle disait, citant je ne sais plus quel auteur : « L'Art n'est pas accessoire dans la vie, il lui est nécessaire. » C'est ce que je ressentais avec intensité et j'avais la conviction que, dans ma propre existence, l'Art tiendrait toujours une place prépondérante.

La vie et les cours à l'Institut me plaisaient beaucoup. Des activités s'organisaient : excursions, soirées de danse, expositions, qui me permettaient de m'impliquer et de sortir de ma coquille.

Mes doigts couraient maintenant tout seuls sur le clavier de la machine à écrire ; l'anglais se portait de mieux en mieux et les hiéroglyphes de la sténo se fixaient lentement dans ma mémoire. Tout baignait dans l'huile et je me sentais d'autant plus heureuse qu'en septembre, des cours d'art dramatique avaient débuté à la Centrale catholique de Saint-Jean. C'était un peu grâce à ma sœur Monique. Devenue professeure de diction, elle avait commencé à travailler avec le père Legault, chez les Compagnons, et à la suggestion du directeur de la Centrale catholique, Bernard Desautels, elle avait demandé à André Cailloux de venir enseigner. Un petit groupe d'intéressés, dont je faisais partie, était déjà formé. Ces cours allaient être pour moi le point de départ vers la carrière de comédienne.

J'attendais les mercredis soirs avec fébrilité. André Cailloux, tout en douceur et en patience, essayait de déceler les possibilités de chacun, de nous aider à extérioriser sans tomber dans les tics ou la caricature. J'étais heureuse d'apprendre un peu de technique, de corriger ma diction ; d'être dirigée dans l'interprétation d'un rôle ou d'un poème. Jusque-là, mon instinct seul me guidait. Il ne fallait pas tuer l'instinct, bien sûr, mais le canaliser et l'appuyer sur une bonne technique. Ce n'était que le début d'un long processus de formation.

Claude Désorcy succéda plus tard à André Cailloux, et c'est après plusieurs semaines de travail avec lui que germa l'idée de fonder une troupe de théâtre amateur. Nous étions huit, prêts à devenir les membres pionniers : Pierre Meunier, Suzanne Grenier, Jean-Guy de la Durantaye, Louise Lemieux, Claudette Nolin, Lucie Pépin, Claude Lanthier et moi.

La collaboration active et dévouée de Bernard Desautels nous fut d'une aide indispensable. La Centrale catholique abritait les bureaux de plusieurs associations et constituait aussi un centre culturel vivant. L'auditorium recevait des concerts –Jeunesses musicales et autres–, des conférences, quelquefois du théâtre et un ciné-club. Monsieur Desautels le mit sans frais à notre disposition pour toute la durée des répétitions. Il s'occupait de nous comme un père, voyait à tous nos besoins. C'était un homme qui aimait les jeunes, et la création d'un théâtre comblait un de ses plus grands rêves. La Centrale catholique devint bientôt notre second foyer.

La troupe reçut le nom de Théâtre des Deux Rives. Claude avait choisi, pour nos grands débuts, *Ces dames aux chapeaux verts* de Gilbert Acremant, précédée d'un court prologue d'Henri Ghéon, *L'impromptu du charcutier*. Les répétitions se poursuivirent pendant deux mois. Nous avions beaucoup d'efforts à accomplir pour incarner convenablement nos personnages.

Le rôle d'Arlette, jeune fille primesautière, convenait parfaitement à mon emploi et, naïvement, j'avais cru que ça irait tout seul. Mais je me rendais compte que le naturel ne suffisait pas, qu'il faillait encore savoir bouger, élargir son jeu et projeter la voix. Mes manques me sautaient aux yeux et je prenais une bonne petite leçon d'humilité. Mais même ce travail douloureux me plaisait, et je vivais pour les heures de répétitions. Au milieu de l'esprit d'équipe, de l'enthousiasme et de l'amitié qui nous unissaient, je me sentais m'épanouir.

Monsieur Desautels décida d'organiser une courte tournée de rodage dans deux municipalités voisines, avant le grand soir à Saint-Jean. Dans chacune de ces petites villes, notre arrivée suscitait la curiosité des badauds qui venaient nous voir décharger notre matériel. Et je me souviens d'avoir eu l'impression grisante de faire partie d'une race spéciale, privilégiée –et même peut-être légèrement supérieure (? !) – : nous étions les « artistes » et, certainement, une aura nous entourait. J'aimais bien cette sensation.

Enfin, le 30 avril 1953, à la Centrale catholique de Saint-Jean, eut lieu la première représentation officielle, marquant l'inauguration du Théâtre des Deux Rives. La salle n'était qu'au tiers remplie, mais avec un public chaleureux.

Dans les coulisses, l'effervescence régnait ; nous étions plus excités que nerveux. Candidement, avec l'inconscience des amateurs, nous nous vantions de ne pas avoir le trac. Heureusement que personne ne songea à nous rétorquer, comme Sarah Bernhardt à une débutante, que « cela viendrait avec le talent » ! Notre belle assurance se serait écroulée.

Claude nous exhortait cependant à plus de concentration. Et le petit miracle, qui se produit dans tant de cas, dès que le rideau s'ouvre, s'opéra pour nous. Chacun fit vraiment de son mieux et ce fut un beau succès.

Je reçus personnellement beaucoup de compliments et de félicitations, et ma vanité s'en trouva grandement flattée... pendant quelques minutes. Jusqu'à l'intrusion de mon austère et agaçant petit gardien intérieur qui m'interdisait de m'abandonner à l'ivresse du succès : « On ne sait jamais, me glissait-il à l'oreille, un malheur est si vite arrivé pour rabattre l'orgueil. » Je gardais donc les pieds sur terre.

Quand le Théâtre des Deux Rives ferma ses portes jusqu'à l'automne suivant, le vague à l'âme succéda à l'entrain. Les bonheurs qui s'achèvent, les choses qui s'en vont, tout ce qui me remettait sous le nez la fuite du temps et la précarité de la vie m'assombrissait. Je ne pouvais pas, comme d'autres, tourner prestement la page et regarder vers l'avenir. J'avais déjà une âme attachée au passé.

★ ★ ★

Le départ de Monique pour les États-Unis, après son mariage, le 10 mai, ne fit rien pour me rendre ma gaieté. Ses adieux avaient attristé toute la famille, mais c'est papa qui semblait le plus affecté. Il pleura longtemps, assis dans son fauteuil, un mouchoir sur les yeux. Une telle émotion m'étonnait de sa part, lui qui était si peu démonstratif, habituellement. Je me rendais compte qu'il nous aimait plus qu'il ne pouvait le montrer. Le cercle familial se rétrécissait. Après les départs de Denise et de Luce, c'était maintenant celui de Monique. Il y aurait trois places vides à table.

Ce printemps-là marquait aussi la vraie fin de mes études. Je terminais première de mon cours à l'Institut Boyer, *ex aequo* avec une autre étudiante. Les préparatifs pour la soirée de remise des diplômes battaient leur plein et maman était occupée à me coudre ma première robe de bal : rose, avec un dessus vaporeux sur un jupon de taffetas. J'aurais le plaisir de porter cette robe ravissante à deux reprises. En effet, quelques mois après la danse de l'Institut, en juin, j'assistais au bal de Noël du Collège militaire royal de Saint-Jean.

La fondation de ce Collège, l'année précédente, en 1952, avait ajouté au prestige de Saint-Jean, ville militaire depuis la fin du XVIIᵉ siècle. La jeune population féminine s'en était également réjouie. Pensez donc : quelle belle injection de sang neuf parmi les garçons de la place que ces cent vingt-six cadets, venus de toutes les provinces, et qu'on pouvait voir parader par les rues de la ville, fièrement cambrés dans leur bel uniforme.

Cependant, plusieurs recrues de l'automne 1953 n'avaient pas encore eu le temps de rencontrer une demoiselle avant le bal et se trouvaient sans cavalière. Des dames de la bonne société firent alors appel à des jeunes filles parmi leurs relations, et c'est comme cela que je fus invitée.

Le cadet que je devais accompagner me téléphona deux semaines plus tôt pour que nous puissions faire connaissance avant le grand soir. C'était un gentil garçon un peu timide et un danseur convenable. Quand je pénétrai, à son bras, dans le gymnase métamorphosé en une splendide salle de réception, je croyais vivre un rêve. Une multitude de bougies l'éclairaient d'une lumière cuivrée, réjouissante. Au fond, un décor de forêt miniature, composé de véritables petits sapins, entourait un gigantesque arbre de Noël, lui aussi tout illuminé. C'était féerique ! J'ouvris aussi des yeux ronds et gourmands sur le buffet, qui débordait de plats appétissants et présentés avec un art consommé.

Et que dire de la musique ? Enivrante ! L'orchestre du Royal 22e Régiment jouait de tout : valses, tangos, rumbas, sambas et le répertoire des *big bands* américains dont, bien sûr, le fameux *Stardust*, sur lequel j'avais vu tant de fois des couples évoluer à la patinoire municipale d'Iberville. Je dansai à en avoir les pieds meurtris dans mes premiers souliers à talons hauts. Mais la soirée valait bien quelques ampoules...

J'étais loin de me douter que, parmi ces élèves officiers à si fière allure, se trouvait mon futur mari, un certain cadet-commandant du nom de Serge Morin. Nous ne nous rencontrerions que bien des années plus tard, mais sans le savoir, durant cette soirée, je le côtoyais en tourbillonnant dans les bras d'un autre. Le destin devait avoir un sourire en coin...

★ ★ ★

Il me fallait maintenant trouver un emploi. Par un beau jour de juillet, munie de mes diplômes d'anglais, de sténo-dactylo (bilingue, s'il vous plaît!), je me présentai au directeur de l'Acadian Bobinet, une petite usine située tout au bout de la 5e Avenue, à deux pas de chez moi. Il était jeune, sympathique, et avait besoin d'une secrétaire. Il me posa des questions sur mes études et sur ce que j'avais vraiment envie de faire dans la vie. Avec une franchise qui tenait de l'instinct suicidaire, en la circonstance, je répondis : « Du théâtre. » Pendant quelques secondes, il me regarda pensivement, puis : « Croyez-vous que vous serez heureuse à travailler ici ? » J'étais embêtée, ma franchise avait ses limites. « Je peux essayer », dis-je, en feignant l'optimisme. « Bien, je vous mets à l'essai pour un mois. Vous commencerez demain. »

En vérité, je ne savais pas si je devais me réjouir. L'endroit était loin d'être agréable. Mon bureau se trouvait dans un coin de l'atelier où j'entendais le bruit assourdissant des machines, sans parler de la poussière grise qui flottait partout et se déposait sur les lettres que je tapais.

Je n'attendis pas la fin du mois pour rendre mon tablier. J'étouffais, et dans tous les sens du mot. Le patron ne fut pas étonné outre mesure et me souhaita bonne chance.

Le reste de l'été se passa en vaines recherches. Ce n'est qu'en septembre que je décrochai enfin un poste qui semblait taillé sur mesure pour moi : secrétaire du directeur de l'École des arts et métiers de Saint-Jean. Cette fois, je me réjouissais sincèrement.

Unique jeune fille dans cette école pour garçons et entourée d'un essaim de professeurs mâles, je me sentais l'objet d'attentions particulières, ce qui était loin de me déplaire. Et comme un bonheur n'arrive jamais seul, en même temps que mon nouveau travail commençait la deuxième saison du Théâtre des Deux Rives.

Claude Désorcy devait malheureusement en abandonner la direction à cause de son poste à Radio-Canada, mais un de ses amis, Louis De Santis, avait accepté de prendre la relève. Discipliné et plein d'énergie, il nous menait rondement et exigeait le meilleur de nous-mêmes.

Pour l'ouverture, c'est la pièce de Thornton Wilder, *Notre petite ville*, qui fut choisie. Encore joué aujourd'hui, ce chef-d'œuvre n'a rien perdu de sa pertinence et de sa modernité. J'interprétais le personnage ingénu et tragique de la jeune fille qui épouse son ami d'enfance et meurt en couches à l'âge de 26 ans. C'était un rôle magnifique, mais difficile, avec toute une gamme de sentiments à exprimer, et j'avais encore bien peu d'expérience. Le travail s'avéra donc ardu pour moi, et aussi pour les autres. On ramait tous un coup.

Mais cela donna des résultats étonnants, ma foi plus que satisfaisants.

Comment décrire cette euphorie particulière qui inonde le cœur des comédiens comme une vague, lors du succès d'une représentation? Même pour les humbles amateurs que nous étions, sentir le public vibrer, entendre les bravos, est la récompense suprême pour laquelle l'on est prêts à tous les sacrifices.

★ ★ ★

Alors que nous sommes en pleine répétition de *Notre petite ville*, à l'automne 1953, survient un événement capital. On apprend par les journaux qu'un grand concours d'art dramatique sera organisé sous peu à Montréal par les *Amis de l'Art*. L'enjeu est une bourse d'études de cinq cents dollars, offerte par monsieur et madame Berthold Mongeau.

Branle-bas à la troupe. On discute, on suppute. Deux de mes camarades, Pierre et Suzanne, décident de s'inscrire et veulent me convaincre de me présenter moi aussi. Mais j'hésite. Je me dis que nous n'avons aucune chance, au milieu des élèves de professeurs éminents et d'écoles reconnues de Montréal. Comme ils insistent et me traitent, en riant, de défaitiste, je finis par céder et envoie mon inscription à la toute dernière minute.

Puis, nous choisissons nos scènes ; une classique et une moderne, tel qu'exigé, dans lesquelles nous nous donnons mutuellement la réplique. Pour moi, ce sont *Les caprices de Marianne* de Musset et *Notre petite ville* de Thornton Wilder.

Pour Pierre et Suzanne, *Les précieuses ridicules* de Molière et *Ces dames aux chapeaux verts* de Gilbert Acremant.

Nous nous préparons avec fièvre et, par un soir de décembre, a lieu la première épreuve, d'où sortiront douze finalistes. Je n'en mène pas large et, comme mes camarades, j'ai un trac énorme. À mon entrée sur scène, mes genoux tremblent, j'ai la gorge sèche et je souhaiterais me voir à cent lieux. Je n'ai qu'à moitié conscience de ce que je fais.

Quelques jours après, le cœur battant, j'ouvre une lettre m'annonçant que je suis retenue parmi les finalistes. Malheureusement, Pierre et Suzanne, eux, ne le sont pas.

Pendant toute la semaine qui précède la grande finale, je refuse de me créer des illusions, même si une petite lueur d'espoir vacille au fond de moi.

18 janvier 1954. C'est l'heure. Contrairement au jour de l'épreuve éliminatoire, je ne suis pas nerveuse, et cette apathie me fait peur. Comme je passe en dernier, j'ai tout le loisir d'entendre les autres finalistes et de juger que mes chances à moi sont bien minces. Parmi ces finalistes, plusieurs allaient plus tard connaître une belle carrière : Marcel Sabourin, Gilles Rochette, Francine Montpetit et Pierre Bourgault.

Puis enfin, mon tour arrive. Pierre et Suzanne m'encouragent et nous voilà sur scène. Encore une fois, j'ignore si je fais bien ou pas, je marche à l'instinct et je me sens très soulagée lorsque c'est fini.

Le jury du concours est composé de cinq membres : Gratien Gélinas, président; le père Legault; Jean Béraud, critique de théâtre à *La Presse*; mademoiselle Pat Pierce, du *Herald*; et Ferdinand Biondi, de CKAC.

Quand Gratien Gélinas s'avance et me proclame récipiendaire de la bourse, j'ai soudain l'impression qu'un brouillard flotte autour de moi. Je l'entends de loin, comme dans du coton. C'est tremblante, émue et rouge cerise que je remercie les juges, en ajoutant : « Mais comment avez-vous donc jugé cela ? » Ils éclatent tous de rire.

Je suis à la fois heureuse et troublée. Mais surtout, épuisée. Une fois la tension tombée, l'adrénaline à zéro, une intense fatigue s'abat sur moi et, tandis qu'on m'entoure, qu'on me félicite, je me sens incapable d'être enjouée, légère, de savourer mon succès. Je n'ai qu'une envie : dormir ! Étrange réaction et premier diagnostic d'un sérieux manque de talent pour la promotion personnelle et les relations publiques. Je crois bien, hélas, n'avoir jamais pu m'améliorer beaucoup sur ce point, tout au long de ma carrière.

Et puis, ce furent les interviews pour les journaux, la radio et la télévision. D'un seul coup, je devenais la vedette locale. C'était comme un rêve ; je ne pouvais croire que tout ceci m'arrivait « à moi », une petite fille d'Iberville. La possibilité de faire une carrière de comédienne se présentait sur un plateau d'argent, alors que deux ans plus tôt, un soir de pluie au parc, j'avais cru cela totalement irréalisable.

Mais dans l'immédiat, je jouais au Théâtre des Deux Rives, et l'avenir de la troupe m'importait grandement. J'eus alors l'idée de faire profiter l'équipe du prix que je venais de gagner. L'argent pourrait servir à rémunérer un ou deux autres professeurs.

Comme je m'étais ouverte de cette intention dans une interview à la radio, je fus convoquée par la présidente des Amis de l'Art, madame Hector Perrier, qui mit gentiment les choses au point : la bourse avait été offerte pour aider à la formation d'un ou d'une jeune artiste, et non de tout un groupe. Je devais donc repenser mes projets.

★ ★ ★

En mars débutèrent les répétitions de *La bergère au pays des loups*, le second spectacle de la saison de 1954, où je jouais un jeune berger de douze ans. Cette pièce connut encore davantage de succès que la précédente et, une fois de plus, la troupe pouvait être fière.

Le lendemain de la deuxième et ultime représentation, déjà nostalgique, je retournai à la Centrale catholique après mon travail. Je voulais me replonger dans l'atmosphère du spectacle. L'auditorium était désert. Un rayon de soleil voilé de poussière en suspens tombait des fenêtres de la galerie, à gauche, trouant l'obscurité. Lentement, je descendis l'allée principale et montai sur la scène. Je marchais, je regardais partout. Je sentais comme une présence autour de moi. Il me semblait entendre l'écho des applaudissements de la veille.

Ah ! oui, j'étais bien mordue ! Je savais que désormais, je ne pourrais plus me passer de théâtre. Seulement, voilà, je manquais d'assurance, et comme toujours dans ma vie, je n'osais provoquer les événements.

Par chance, un bon génie veillait sur ma destinée. Un réalisateur de la télévision, Henri Parizeau, invité à venir voir *La bergère au pays des loups*, trouva que j'incarnais un jeune garçon d'une manière crédible et m'engagea pour un rôle similaire dans sa série d'été intitulée *Dans ma cour*. C'était parti ! J'avais dix-huit ans et, pour moi, la vraie vie commençait.

Au cours de l'été, je quittai mon emploi à l'École des arts et métiers. Le directeur me reprochait de ne plus avoir la tête à mon travail depuis que j'avais commencé à la télévision et me demandait de faire un choix. Qu'à cela ne tienne ! Je déposai mes clefs sur son bureau. Adieu sténodactylo.

★ ★ ★

Dans ma cour était une émission pour les enfants. Trois jeunes s'inventaient des jeux pendant les vacances. Il leur arrivait parfois d'innocentes aventures où se dissimulaient des leçons de vie appropriées, qui donnaient au programme un petit côté éducatif. Je m'appelais Toto. Lise Lasalle jouait ma sœur ; Marc Favreau, le grand garçon ami ; et Thérèse Cadorette, notre mère, à Lise et moi. Madeleine Arbour, elle, nous enseignait à fabriquer, avec des riens, de petites merveilles.

Dans ma cour passait en direct une fois la semaine, de quatre heures à quatre heures trente. Nous répétions en salle le matin et, après le lunch, avec les caméras. Je me sentais comme un poisson dans l'eau en studio, et cette journée passait trop vite à mon gré. J'y pensais tout le reste de la semaine. Lise, Marc, Thérèse, Madeleine Arbour et Henri Parizeau, le réalisateur, tous se montraient gentils avec moi et, grâce à eux, cette première expérience se déroula mieux que je n'avais osé l'espérer.

Si je m'habituais rapidement au travail de la télévision, je restais un peu décontenancée par les manières des acteurs, des artistes que je rencontrais. Élevée dans la plus grande réserve en ce qui concernait les contacts physiques, je n'en revenais pas de voir tout le monde s'embrasser sur les deux joues et s'enlacer pour se dire bonjour. J'étais intimidée et je ne savais trop si je devais permettre ces démonstrations d'affection. Et puis, petit à petit, cette expansivité me parut toute naturelle, réconfortante même, et je perdis un peu de ma raideur.

Ma carrière s'amorçait vraiment le plus facilement du monde. La chance me souriait et je ne regrettais pas de m'être lancée dans l'aventure.

★ ★ ★

Après *Dans ma cour*, j'enchaînais avec une autre émission pour les jeunes, *La boutique fantasque*, que réalisait Claude Désorcy. Je le retrouvais avec plaisir et, en même temps, je faisais la connaissance des autres jeunes acteurs de la distribution : Gaétan Labrèche, Hubert Loiselle, Gabriel Gascon, Rolland Longpré, Mirielle Lachance et Marthe Choquette.

Les répétitions se passaient dans une grande détente, je dirais même dans les blagues et les fous rires, Claude Désorcy n'étant pas le dernier à lancer le bal. Je trouvais formidable de tant s'amuser en travaillant !

La boutique fantasque avait à peine commencé qu'une autre chance inouïe m'arriva : Gratien Gélinas, président du jury au concours des Amis de l'Art, eut la bonté de se souvenir de moi et me donna le rôle de sa fille aînée dans *Les quat' fers en l'air*, une série qu'il venait d'écrire pour la télévision. Il se montra plein d'indulgence pour moi, qui étais timide et impressionnée de jouer en sa compagnie et en celle d'autres grands noms, tels Paul Berval, Juliette Huot, Roland Bédard. *Les quat' fers en l'air* était mon premier téléroman pour adultes. Il contribua beaucoup à élargir ma petite réputation, et je recevais de plus en d'offres de travail.

Trois téléthéâtres se succédèrent assez rapidement. À mon grand bonheur, car « faire » un téléthéâtre, émission prestigieuse, représentait une sorte de promotion pour un comédien. Le premier, *Est-il bon ? Est-il méchant ?* de Diderot, qui mettait en vedette Henri Norbert, m'offrit un fort joli rôle, en même temps que le plaisir de porter un costume d'époque pour la première fois. Je jouais la demoiselle de compagnie d'une duchesse (Tania Fédor) et j'évoluais dans une superbe robe à panier, garnie de tulle et de petits rubans. Je me sentais vraiment une tout autre personne. Au théâtre, ainsi que quelqu'un l'a déjà écrit, l'habit fait parfois le moine. Je me revoyais descendant avec majesté l'escalier d'honneur du couvent autrefois, en m'imaginant vêtue comme une noble dame de la cour. Et voilà que cette petite fantaisie se réalisait.

Pygmalion, de George Bernard Shaw, fut une autre merveilleuse expérience, avec Ginette Letondal (splendide Élisa) ; Guy Provost (Higgins) ; Yves Létourneau (colonel

Pickering). Madame Lucie de Vienne-Blanc jouait Mrs Higgins ; Gisèle Schmidt, Mrs Eynsford Hill, mère de Freddy (Marcel Sabourin) et de Clara (moi). Les costumes étaient tous d'une suprême élégance, et leur fée créatrice se nommait Pierrette Picard.

Mon troisième téléthéâtre, en cette période faste de mes premières années dans le métier, s'intitulait *Papineau* et racontait un épisode de la Rébellion de 1837-1838. J'y tenais le rôle de la fille d'un aubergiste chez qui s'étaient réfugiés plusieurs patriotes consternés par la fuite du grand homme vers les États-Unis. Une œuvre émouvante et dramatique sur ce pan de notre histoire resté douloureux.

Tout allait donc pour le mieux côté télévision, mais je souhaitais me trouver bientôt sous les feux de la rampe, également. L'occasion se présenta un an, presque jour pour jour, après mes débuts à Radio-Canada.

Montée à la demande de la Société Saint-Jean-Baptiste pour une soirée de gala au théâtre Saint-Denis, *Cécile ou l'école des pères* de Jean Anouilh fut mise en scène par Jean Doat, avec Monique Lepage, Gilles Pelletier, Albert Millaire et moi dans le rôle de Cécile. Un rôle adorable, et j'étais ravie. Malheureusement, je ne m'y couvris pas de gloire. Dans l'immense Saint-Denis, ma petite voix « spéciale » ne porta pas plus loin que les tout premiers rangs du parterre. On me trouva gentille, mais on ne m'entendit pas. L'unique représentation éliminait pour moi tout espoir d'amélioration, et je fus cruellement déçue. Sans aucune indulgence pour mon propre manque d'expérience, je m'en voulais de n'avoir pas fait mieux. Des commentaires désagréables me vinrent aux oreilles. Poids sur le cœur. C'est cela aussi le métier, il faut s'y faire. Dur !

L'année suivante, je crois, ce fut deux courtes pièces de Jacques Ferron, montées par Marcel Sabourin au Théâtre Club de Monique Lepage et Jacques Létourneau. Mes amis Louis de Santis, Mireille Lachance et Roland Laroche faisaient également partie de la distribution. Je me souviens surtout du plaisir des répétitions, des rires, des longs palabres de Marcel, qui expliquait tout par le menu.

Le travail des répétitions m'a toujours passionnée. Chercher le personnage dans le labeur, les tâtonnements, le noir, parfois ; puis, soudain, le découvrir, le sentir. Voir la lumière. Le diamant est enfin sorti de sa gangue, il faut maintenant le tailler, en faire briller toutes les facettes. Je suis du genre à trouver qu'on ne répète jamais trop.

★ ★ ★

J'avais déjà mes *fans*. Toutes les semaines, je recevais des dizaines de lettres et je faisais partie des jeunes acteurs et actrices que les chasseurs d'autographes attendaient à la porte de Radio-Canada. Un début de succès qui me remplissait d'espoir, et j'étais follement heureuse de pratiquer « le plus beau métier du monde ».

Je m'amusais. J'allais au cinéma et au théâtre avec les copains et, souvent, nous nous retrouvions pour de longues conversations autour d'une petite table au Café des Artistes où, comme on dit toujours, nous refaisions le monde, pleins d'assurance, du haut de notre belle jeunesse. Je n'étais pas la moins catégorique de tous dans mes opinions. À vingt ans, affligée de perfectionnisme aigu –ou, si l'on veut, du syndrome de la « bonne élève », qui croit obligatoire de tout faire selon les règles–, je possédais des certitudes qui se sont, depuis des lustres maintenant, évanouies dans l'espace. Envolés aussi, heureusement, les préjugés et autres idées préconçues sur la moralité, le comportement des gens, le métier, etc., qui n'ont pas résisté à l'expérience de la vie. Si jeunesse savait... Cendrillon de banlieue, je devais cependant m'éclipser de toute soirée à vingt-trois heures trente pour attraper le dernier autobus vers la Rive-Sud.

En ces premières années de la télévision, Radio-Canada bourdonnait comme une ruche. Le talent et la créativité explosaient à tous les niveaux. L'attrait pour le nouveau média était tel que les gens de la « boîte » et la colonie artistique, aussi bien que le public en général, suivaient les émissions avec énormément d'intérêt et, comme on travaillait en direct, le lendemain d'une bonne prestation, en se pointant mine de rien dans le grand hall, on était sûr de rencontrer du monde et de recevoir des félicitations. Mais si la critique avait été mauvaise, au contraire, on ne se montrait pas pendant des jours.

Clair, animé et chaleureux, le grand hall de Radio-Canada, boulevard Dorchester, servait en quelque sorte de foyer aux acteurs en même temps que de vitrine, à l'heure où la fonction d'agent n'existait pas. S'y faire voir régulièrement aidait à rester dans le vent et au courant de ce qui se préparait. C'est pourquoi la grande banquette le long du mur et le rebord des larges fenêtres de la façade se trouvaient si souvent occupés par des comédiens, jeunes et moins jeunes, qui souhaitaient pouvoir saluer des réalisateurs au passage et se rappeler ainsi à leur souvenir.

J'ai maintes fois pris place, comme les autres, sur la fameuse banquette, un livre ou un texte en main, de préférence, pour ne pas avoir l'air... Mais j'ignore encore si cela a contribué à faire avancer ma carrière.

★ ★ ★

Quand je rentrais de Montréal, j'éprouvais du plaisir à retrouver les petites rues tranquilles d'Iberville, ma maison, ma famille.

Un soir de printemps, descendue de l'autobus à vingt-deux heures, je remontais lentement la 5ᵉ Avenue. L'air était d'une douceur ineffable et embaumait le lilas, dont tant de jardins se paraient. Arrivée chez moi, ne pouvant me résoudre à aller dormir, je m'assis sur les marches du perron, tout comme à quinze ans, lorsque je m'attardais dans la tiédeur des nuits parfumées, en proie à l'une de ces flambées d'émotions et de désirs qui me bouleversaient par moments, de fond en comble. Désir d'amour et de passion, de succès, d'accomplissement total ; désir d'une vie intense, riche, pleine. En regardant le ciel, j'adressais alors aux étoiles un vœu ardent : Oh ! que je connaisse le Grand Amour. Que je connaisse un destin extraordinaire...

J'allais avoir vingt ans, et il me semblait être en bonne voie de réaliser mes désirs. Si le « Grand Amour » se faisait attendre, je croyais bien toucher du doigt le « destin extraordinaire ». À mon sens, tout ce qui m'était arrivé depuis que j'avais gagné la bourse tenait du miracle, et je me disais, comme la mère de Napoléon : « Pourvou que ça doure ! »

★ ★ ★

Cet été-là fut marqué par ma participation à un spectacle en plein air à l'oratoire Saint-Joseph : *Le Grand Attentif*. Deux anges espiègles (Élizabeth Chouvalidzé et moi) taquinent saint Pierre (Yves Massicotte) pendant qu'il leur raconte la vie de saint Joseph. Le père Legault était l'auteur du texte et assurait la mise en scène.

Je connaissais le Père Legault depuis le concours des Amis de l'Art. Il m'avait encouragée à prendre la décision de me lancer dans la carrière de comédienne et je l'en remerciais immensément.

Le Grand Attentif était un gros bateau : figuration imposante ; costumes bibliques ; musique ; effets d'éclairage ; rien n'avait été épargné. Construits pour la circonstance, derrière l'oratoire Saint-Joseph, un très vaste escalier et un non moins vaste plateau constituaient le champ d'action des comédiens. Diffusé par de puissants haut-parleurs, le texte avait été enregistré après des semaines de répétitions, de sorte que nous n'avions plus qu'à l'articuler pendant le spectacle. Un public nombreux venait chaque soir assister au grand jeu sous les étoiles. Des dix représentations, pas une seule ne dut être annulée pour cause de mauvais temps. Miracle !

Après la dernière représentation, le 9 août 1955, veille de mon vingtième anniversaire de naissance, un garçon très bien qui s'appelait Pierre Nadeau et faisait également partie de la distribution, nous invita chez lui, Yves, Élisabeth, plusieurs autres copains et moi, à un party improvisé qui se termina aux aurores. Mais sur le coup de minuit, j'eus la surprise de me voir offrir un magnifique gâteau de fête surmonté de vingt bougies. Mes merveilleux camarades avaient pensé à moi ! Je crois qu'aucune autre célébration d'anniversaire ne m'a fait autant plaisir que celle-là. J'en fus vraiment très touchée.

J'avais vingt ans, de nouveaux amis vite devenus très chers, un métier qui me passionnait, que demander de plus ? En sortant dans le petit matin mauve, je me sentais ivre, mais de bonheur.

★ ★ ★

À la rentrée, je faisais ma première apparition dans *La famille Plouffe* de Roger Lemelin. J'étais Martine, fille du père Gédéon et amoureuse de son grand cousin Guillaume, interprété par Pierre Valcour. Re-clin d'œil du destin : je tombais amoureuse, dans la fiction, de mon futur beau-frère, dans la réalité. Mais de cela non plus, je ne pouvais me douter.

Je considérais avoir beaucoup de chance de me joindre à une distribution aussi prestigieuse et de travailler avec des comédiens que j'admirais au théâtre. Au début, j'aimais mon rôle. Martine était une jeune fille naïve et spontanée, mais qui n'avait pas froid aux yeux, et j'eus à plusieurs reprises des scènes fort amusantes à jouer. Après trois ans toutefois, le personnage n'avait pas évolué et répétait toujours la même chose. Déçue, je démissionnai. Ce ne fut sans doute pas une bonne décision.

Était-ce présomption de ma part ? Il me semblait que l'on sous-estimait mon talent, car je me sentais capable de faire beaucoup plus. Je rêvais de rôles fantaisistes et comiques, mais aussi, et surtout, de rôles où il eut fallu exprimer des sentiments excessifs, de la colère, de la révolte, de la passion. On se souviendra qu'à l'adolescence, je faisais réserve de ces émotions violentes, en espérant pouvoir un jour les laisser exploser à travers des personnages de théâtre. Mon apparence physique, ma timidité, mon attitude réservée dans la vie, donnaient sans doute une idée fausse, ou en tous cas, incomplète, de mon réel tempérament de comédienne.

★ ★ ★

Tout en exerçant mon métier, j'avais commencé à utiliser ma bourse d'études et entrepris des leçons de pause de voix avec Roy Royal, de ballet à Saint-Jean avec Lucille et Yvette Pauzé, et d'art dramatique avec Jan Doat, le directeur du Conservatoire, récemment ouvert. Je voulais devenir une artiste complète.

Jan Doat sut immédiatement débusquer mon plus gros défaut : céder à ma facilité naturelle et rester à la surface d'un rôle. Pour approfondir mon interprétation et élargir mon registre, il me fit travailler des héroïnes de tragédie grecque et des grands rôles du théâtre classique, qui sortaient totalement de mon emploi habituel. Mais le labeur pour parvenir, malgré cela, à donner à mon jeu un écho de vérité me fut du plus grand bénéfice. Je dois beaucoup à Jan Doat, dont je restai l'élève pendant près de deux ans.

Un peu plus tard, ce fut l'école du Théâtre du Nouveau Monde, où Jean Gascon donnait un cours collectif. Jean aussi était un extraordinaire directeur de comédien. D'un mot, d'un geste, entrant lui-même un instant dans la peau du personnage, il en faisait comprendre l'essence. J'apprenais autant à le voir diriger les autres que lorsqu'il me dirigeait moi-même. C'est le grand avantage des cours de groupe.

★ ★ ★

J'aimais danser, je fus servie. À l'automne 1956, toujours à Saint-Jean, fut fondée une troupe de danse folklorique. Un ami de Pierre Meunier, Grégoire Marcil, très versé en folklore international et excellent danseur lui-même, rassembla tous ceux qui se montraient intéressés, garçons et filles de Saint-Jean et d'Iberville, et vint nous donner des cours chaque semaine.

Le coup de foudre ! Une véritable passion pour le folklore s'empara de chacun de nous, et nous aurions été prêts à danser tous les soirs. Les exercices se tenaient dans un local de la Centrale catholique, à nouveau prêté gracieusement par monsieur Desautels (qu'aurions-nous fait sans lui ?) et, encore une fois, je crois bien que nous passions là plus de temps que dans nos foyers respectifs.

Le folklore russe, ukrainien, mexicain, lithuanien, grec et yougoslave constituait notre répertoire. Je ne saurais dire à quel point danser m'enthousiasmait. Je découvrais qu'on pouvait s'exprimer par la danse avec autant d'intensité que par la parole, et j'y allais à fond.

Jeunesse 1957, notre premier spectacle, surtout composé de danses russes et ukrainiennes, avec leurs costumes colorés et leurs musiques si prenantes, connut un succès qui dépassa tous nos espoirs. Le public de Saint-Jean et d'Iberville semblait avoir été conquis du premier coup par le folklore, et les nouveaux candidats se recrutaient facilement.

Non rassasiée, malgré les heures intensives d'exercices à la Centrale catholique, je me joignis à une équipe de Montréal, celle de Jacques Carrière, qui se spécialisait surtout dans l'envoûtant répertoire israélien. J'ai connu là un autre groupe de jeunes dont l'amitié a su, jusqu'à ce jour, résister à l'usure du temps.

Tout en m'adonnant à la danse avec passion, je suivais aussi des cours de chant. Ma voix avait un timbre bien distinctif (on me le disait assez souvent!), mais ne portait pas et, au théâtre, cela posait un sérieux problème. Il fallait y remédier. Les leçons de Roy Royal ne m'ayant pas beaucoup aidée, je m'adressai à Alphonse Ledoux, un professeur qui venait enseigner à Iberville.

Il me fit travailler l'appui au diaphragme, sans lequel une voix se fatigue et casse. Comme j'ignorais ce qu'était le diaphragme et quel était son rôle dans la respiration, ce fut un entraînement long et ardu, mais en cours de route, mon professeur me découvrit une vraie voix, une voix de soprano lyrique.

Avec son accompagnatrice, Lucie Hamel, d'Iberville, pianiste et organiste émérite (en plus d'être un ange de patience), je me suis mise à travailler des pièces du répertoire qui convenait à ma tessiture : Mozart, Puccini, Strauss, Fauré, etc. J'étais tout étonnée de pouvoir chanter.

★ ★ ★

Après trois années d'un succès encourageant, mon ciel professionnel commença à s'assombrir. Pas le plus petit engagement pendant dix mois. Tout marchait si magnifiquement bien depuis le début, je n'avais qu'à me pencher, semblait-il, pour ramasser le travail. Et soudain, plus rien.

Quelqu'un de combatif, de sûr de soi, aurait réagi, arpenté les couloirs de Radio-Canada, frappé aux portes, cherché la publicité... Mais voilà justement où le bât blessait : j'en étais incapable. Trop de timidité ou de fierté mal placée peut-être. La fée dispensatrice de certaines des qualités essentielles à la réussite avait sans doute pris congé, le jour de ma naissance. Je restais donc chez moi à me morfondre et à attendre le coup de fil salvateur. La peur d'être oubliée complètement et le doute – avais-je assez de talent ? – me rongeaient. Mais enfin, un beau jour, je reçus l'appel téléphonique tant espéré. Louis-George Carrier me donnait un rôle dans le téléthéâtre *Médé* de Marcel Dubé, où Raymond Lévesque se révéla si émouvant.

C'était reparti. Envolée la déprime. Au cours de ce long carême, j'avais toutefois réalisé que même après des débuts faciles et un certain succès, rien n'était jamais acquis, et qu'il ne suffisait pas d'avoir du talent et de travailler avec amour et rigueur pour qu'on nous offre des rôles, comme je l'avais cru si naïvement.

Je voyais aussi qu'il devenait indispensable pour moi de m'installer à Montréal, près de mes lieux de travail, même s'il fallait pour cela quitter tant de choses que j'aimais : ma famille ; le calme et la beauté de ma petite ville au bord du Richelieu ; mes amis ; le Théâtre des Deux Rives et la troupe de folklore, dont je savais bien que je ne pourrais plus suivre les activités. Le choix me coûtait, mais je me sentais prête pour une nouvelle étape.

Mes adieux au Théâtre des deux Rives se firent en 1957 avec la pièce *Maluron*, de Félix Leclerc, dont Pierre Meunier assurait la mise en scène. Claude Saint-Denis incarnait Maluron et je jouais sa femme, mon premier rôle « adulte ». Pour présenter le personnage de ce jeune homme troublé et inquiet, voici ce que j'écrivis dans le programme :

Maluron

Maluron... Un grand gars aux yeux avides et rêveurs, les cheveux en broussailles sur un front buté. Des idées enchevêtrées, de la poésie et des chimères plein son cœur et sa tête, mais pas une once de réalisme. Il hésite, il cherche sa voie, il interroge les oiseaux et les nuages : que faire ? Où aller ? Il semble qu'il n'y ait place pour lui qu'au creux des talus, couché dans l'herbe qui chatouille le cou, le regard fixé au zénith. L'avenir ! Cette chose qu'on tient dans ses mains, à vingt ans, et qui pèse parfois si lourd qu'on voudrait pouvoir la poser là, n'importe où, et l'oublier... Mais c'est impossible et puis ce serait lâche... Alors quoi ? Quoi ?

Et soudain, une révélation : le Théâtre ! Maluron tient la réponse à toutes les questions. Il sera comédien, malgré l'âpreté de l'attente, le goût amer des insuccès, les ricanements de la chance qui se refuse obstinément. Il sera comédien... et il continuera d'espérer, de travailler pour être prêt, fort de sa foi, fort de son amour...

★ ★ ★

Le travail affluait de nouveau, maintenant le baromètre au beau fixe. C'était presque automatique : quand j'avais du boulot, j'étais optimiste et pleine de confiance. Mais dès qu'une période à vide se prolongeait, je retombais dans le doute, la vie perdait de sa saveur. L'instabilité du métier me rendait cyclothymique. Cependant, pour rien au monde je n'en aurais changé.

Parfois, je m'interrogeais au sujet du mariage. Alors qu'adolescente, je croyais dur comme fer que c'était là mon destin tout désigné, à vingt-trois ans, ma certitude s'ébranlait. Oh, je désirais toujours ardemment me marier et avoir des enfants (bien sûr, pas une douzaine !), mais je me trouvais encore trop jeune. Je voulais une carrière active, j'avais envie de jouer de beaux rôles au théâtre et à la télévision et, confusément, je sentais que pour moi, une fois épouse et mère, le travail passerait au second plan. Je souhaitais donc établir solidement ma réputation de comédienne avant de me marier. D'aucuns diront : pourquoi le mariage ? Parce que pour une fille élevée comme moi dans les principes rigoureux de la très catholique éducation des années cinquante, c'était comme dans la chanson : « *Love and marriage go together like horse and carriage. You can't have one without the other.* » L'heure n'était pas encore venue (mais elle viendrait) où je remettrais tout cela en question.

Les soupirants ne manquaient pas cependant autour de moi. Quelques-uns m'aimèrent sincèrement, mais mon cœur ne s'émouvait pas. Ce n'était pas faute de qualités de leur part, ni manque de sensibilité de la mienne ; seulement, je ne voyais en aucun d'eux le genre d'homme que je recherchais.

★ ★ ★

J'avais décidément beaucoup de chance. Au début de l'automne 1958, on me donna le rôle de Desneiges, une petite-nièce de la cousine du Pot-au-Beurre, dans *Le Survenant*, le texte si beau, si fort et si poétique de Germaine Guévremont, avec Jean Coutu en « Grand fend le vent ». Personnage inoubliable. Comme le père Didace d'Ovila Légaré et l'Angélina Desmarais de Béatrice Picard. *Le Survenant* reste l'un de mes meilleurs souvenirs de travail à la télévision.

Ce nouvel engagement m'incita à prendre la décision qui s'imposait de plus en plus, et par un beau jour d'octobre 1958, je me préparais à quitter Iberville et la 4e Rue pour toujours. Dans une heure, mon ami Claude Maltais serait là avec sa voiture, et toutes mes choses attendaient près de la porte.

J'avais le cœur serré. Je pensais à ma mère, que j'aimais profondément. S'habituait-elle à voir partir ses enfants ? Elle n'essayait pas de nous retenir, acceptant l'ordre des choses : un jour, les enfants s'en vont. Mais je suis sûre, pour en avoir deux fois fait l'expérience depuis, que pendant un certain temps du moins, elle devait ressentir un vide et une grande tristesse. J'avais dit au revoir à papa avant qu'il parte pour son travail. Il n'avait fait aucun commentaire.

Claude arriva et, une fois la bagnole remplie de mes affaires, je me tournai vers maman pour l'embrasser. «Reviens, si ça ne marche pas», me dit-elle. Je montai vite en voiture, sentant l'émotion me gagner. Bien sûr, je comptais revenir souvent à la maison, mais il se faisait tout de même en moi une coupure définitive.

Un dernier signe de la main ; un dernier regard à la longue galerie, lieu de tant de rêveries et de réunions amicales ; une dernière pensée pour ma chambre, pour le jardin, et nous étions sur le pont au-dessus de mon Richelieu bien-aimé. Ce jour-là, il était sans une ride, d'un bleu intense comme le ciel, et les rives aux couleurs flamboyantes s'y miraient avec une parfaite exactitude. Mon enfance et mes jeunes années habitent là, à jamais.

Photo de passeport prise en 1995,
alors que mon mari travaillait à l'OCDE à Paris.
[Archives personnelles]

Moi avec mon petit copain Yvan Pinsonneault.
Nous avons quatre ans tous les deux. [Archives personnelles]

Iberville, vue de Saint-Jean. [Cahier des 125 ans d'Iberville; photo: François Mellilo]

À deux ans, avec ma première poupée.
[Archives personnelles]

ans les bras de maman. [Archives personnelles]

Maman à dix-sept ans,
se rafraîchissant dans
la Rivière-aux-brochets,
à Stanbridge East.
[Archives personnelles]

Mes grands-parents Létourneau. [Archives personnelles]

and-père Campbell. [Archives personnelles]

La maison de Stanbridge East aujourd'hui. [Archives personnelles]

La maison avec l'ancienne forge de grand-père au bout du chemin. [Archives personnelles]

Maman avec sa nichée, à notre arrivée à
[B]erville en 1942. Sur les genoux de maman,
[H]enriette. À ses pieds, Monique, Marie,
[J]acques et moi. Derrière maman, Luce,
[e]ncadrée de Fernande et Denise, chacune
[t]enant un des jumeaux. [Archives personnelles]

Papa et maman en 1946. [Archives personnelles]

[S]ur le pont vert. [Archives personnelles]

La famille Campbell en 1955. En avant, papa, Francine et maman. Au milieu, moi, Louis, Marie. Derrière Pierre, Luce, Fernande, Jacques, Denise, Monique et Jean. [Archives personnelles]

Première robe de bal. [Archives personnelles]

À seize ans, en bachelière. [Archives personnelles]

Interview à CKAC avec Janette Brouillet, suite au concours des *Amis de l'art*.
[Archives personnelles]

Avec Suzanne Grenier et Pierre Meunier du *Théâtre des deux Rives*.
[Archives personnelles]

Bal du printemps au Collège militaire.
[Archives personnelles]

Serge G. Morin, cadet au Collège militaire.
[Archives personnelles]

Dans ma cour. Ma première émission de télévision.
[Radio-Canada, 1954]

À la porte d'un studio avec Claude Désorcy, Gaétan Labrèche et Mirielle Lachance. [Radio-Canada, 1954]

La boutique fantasque, avec Hubert Loiselle. [Radio-Canada, 1954]

L'équipe de folklore de Saint-Jean. [Archives personnelles]

Les quat'fers en l'air. Guy Godin et moi en amoureux. [photo: Henri Paul]

La famille Plouffe. Doris Lussier, Pierre Valcour et moi.
[Studio Lausanne, Montréal]

Notre petite ville. 1ère rangée: Ma sœur Marie, Suzanne Grenier, Claude Audette, Jean-Guy De Ladurantaie, Claudette Nolin, Mariette Leblanc. 2e rangée: Bernard Desautels, André Lasnier, Jean-Jacques Hébert, Pierre Meunier, moi, Louis de Santis, Béatrice Patenaude, Guy Tougas, Guy Meunier. [Archives personnelles]

Papineau: Yves Létourneau, René Caron et moi. De dos, Yvon Dufour.
[photo: Radio-Canada, 1959 ou 1960]

Au Chenal du Moine, dans *Le Survenant*, avec André Morency.
[photo: Gérard Beaudry, photographe; Sorel]

DEUXIÈME PARTIE

Les feux de la rampe

Le lendemain, quand j'ouvris les yeux au fond du divan un peu mou qui me servait de lit, un jour blême passait entre les rideaux. À deux pas de moi, mes copines dormaient encore et, ne voulant pas les réveiller, je m'absorbai dans la contemplation des volutes de plâtre du plafond en songeant : ça y est ; à partir d'aujourd'hui, je m'assume complètement. Une page de mon journal, datée du mois précédent, me revenait à la mémoire :

Journal, vendredi 14 septembre 1958

Juste quelques mots pour te dire que tout va comme sur des roulettes. J'ai beaucoup de travail en ce moment, et bien que rien ne soit continuel pour la saison, j'ai décidé de déménager le plus tôt possible ; ce sera vraiment plus commode, je perdrai moins de temps. Si je ne me décide pas à partir, à prendre mes responsabilités et à vivre indépendante, je n'avancerai pas. Je resterai une petite fille.

Alors oui. En ce premier matin hors du cocon familial, j'étais fière de moi. J'éprouvais un sentiment de liberté totale. Non que je n'étais pas libre à la maison, mais là-bas, il y avait encore des frères et des sœurs, avec ce que cela signifiait de bruit, d'agitation, de querelles parfois, et même si j'aimais ma famille, j'aspirais à plus de tranquillité et à un peu de solitude. Désormais, je pourrais m'attarder au restaurant ou dans les parties sans craindre de rater le dernier autobus pour la Rive-Sud. Sur cette emballante perspective, je me rendormis.

Il était plus de neuf heures lorsque j'émergeai de ce second sommeil, et les sœurs Marchesseau étaient déjà parties pour le collège. Andrée et Hélène, des amies de Saint-Jean, parachevaient leurs études à Montréal. Elles avaient loué ce grand entresol, rue University, en plein quartier estudiantin et m'avaient proposé de le partager, le temps que je me trouve un appartement. Ça me rendait bien service.

Ce premier chez-moi montréalais se composait d'une vaste pièce principale, à la fois salon et chambre à coucher, d'une assez grande cuisine, d'une petite pièce sans fenêtre qui servait de placard pour les vêtements et autres accessoires, et d'une salle de bain équipée d'une baignoire à l'ancienne, bien profonde, comme je les aimais. La porte arrière donnait sur une minuscule cour fermée par une palissade en bois dont il suffisait de pousser le battant pour se trouver rue Milton. Ce n'était pas luxueux, mais très sympathique.

« Bon, assez paressé », me dis-je. Je sautai du lit, pressée d'enfiler la confortable robe de chambre en flanelle rose que je m'étais offerte en l'honneur de mon indépendance et allai me préparer un petit déjeuner. Ah, la première tasse de Nescafé de ma nouvelle vie, comme je la savourai ! J'étais un voilier avec le vent en poupe. Ma carrière déjà bien amorcée, je rêvais d'années à venir remplies de rôles extraordinaires. J'avais vingt-trois ans et encore une bonne dose de pensée magique.

Il avait été convenu que je ferais les courses. La petite épicerie, où je croisais des étudiants de toutes nationalités, était à deux pas, rue Milton. Avant de partir, je me maquillais toujours les yeux avec soin, car je ne sortais jamais le regard tout nu. Pensez donc, quelle honte si j'avais croisé le Prince Charmant sans mon œil de biche à la Bardot ! C'est pour le coup qu'il se serait détourné de moi.

Tout se faisait à la bonne franquette dans notre entre-sol et la compagnie était la bienvenue. Après le souper, des copains entraient prendre un café ou regarder avec nous des films à la télévision. Ça me plaisait bien. Chez mes parents, à Iberville, il y avait déjà tant de monde que je préférais tenir salon dehors, sur la galerie, par les beaux soirs d'été. Oh ! les débats animés qui s'y tenaient avec mes joyeux lurons et quelques autres, tous du genre masculin. Ce que ma vigilante maman semblait trouver dangereux pour ma vertu : « Tu attires trop les garçons », me faisait-elle remarquer.

Dans ces années-là, le campus de l'Université McGill jouissait d'un parc magnifique que je traversais tous les jours. Il me rappelait mon cher petit parc Mercier en ces somptueux jours d'automne, que j'affectionnais tant. Le parc, la maison de la 4ᵉ Rue, ma famille, mes amis, ma petite ville... Souvent encore, ma pensée s'envolait vers ce que j'avais laissé derrière moi.

★ ★ ★

Plus novembre avançait, plus on grelottait dans l'entresol. C'était mal chauffé et si humide que le mur, près de mon divan, suintait. Je ne dormais plus qu'avec une bouillotte d'eau chaude aux pieds et des chaussettes de laine, et toutes les trois avions constamment la goutte au nez. Motivée par l'inconfort grandissant, je me mis à chercher, de façon plus active, une compagne avec qui louer un appartement. Le hasard me fit croiser ma camarade Mirielle Lachance qui, s'apprêtant à quitter le toit paternel, faisait les mêmes démarches que moi. L'entente fut vite conclue et je l'annonçai à mes amies Marchesseau.

Après des jours de pérégrinations dans les rues avoisinant Radio-Canada, Mirielle et moi dégottions, rue Crescent, à un saut de puce de la « maison-mère », un trois-pièces à quatre-vingts dollars par mois. La cuisinette n'était pas plus grande qu'une armoire à balais, mais de hautes fenêtres laissaient entrer des flots de lumière, ce que j'appréciais, après l'entresol. L'appartement se trouvait au premier, en façade, et bénéficiait d'un mini-balcon tout juste utile pour sortir prendre le pouls de la température. Quant à l'immeuble, on voyait qu'il avait connu des jours meilleurs et, retapé, il aurait sans doute repris un peu de son élégance d'antan.

Un éclairage au néon, à l'intérieur, baignait des corridors verdâtres où se répandaient les odeurs de cuisine et qui s'ornaient, le soir, des sacs-poubelle que les locataires déposaient à leur porte en vue de la cueillette du lendemain matin. Je revois le regard vaguement dégoûté de R. O. (fils d'une famille aisée et connue d'Outremont, avec qui je commençais à sortir) quand il me ramenait chez moi. Sa cour fut très brève, et je soupçonnai les odeurs rances et les sacs d'ordures d'y être pour quelque chose. Bah, un de perdu...

Malgré son manque de sophistication, notre immeuble attira bientôt plusieurs autres comédiens heureux de trouver à se loger aussi près de notre lieu de travail à tous. Hélas, à peine étions-nous installées, que notre lieu de travail fermait ses portes. Comme la Société Radio-Canada avait refusé le droit d'association à ses réalisateurs, ceux-ci déclarèrent la grève et l'Union des artistes, alors présidée par Jean Duceppe, leur emboîta le pas. Ce qui signifiait que nous étions tous au chômage.

Je ne me souviens pas d'avoir été particulièrement inquiète, à ce moment-là. Les comédiens s'habituent, dans une certaine mesure, à l'insécurité, et je n'avais pas de famille à faire vivre. Mais pour plusieurs d'entre nous, il y eut des problèmes financiers graves et même des dépressions nerveuses. Une période très pénible, au cours de laquelle, cependant, se manifesta une grande solidarité. Des spectacles intitulés fort à propos « Difficultés temporaires » furent donnés bénévolement par les artistes qui y participaient et attirèrent un public nombreux et sympathique à la cause. C'est à cette occasion que l'on redécouvrit et que l'on fit découvrir à toute une génération l'immense talent d'Olivier Guimond.

Enfin, après plus de trois mois, le 8 mars 1959, on annonça la fin de la grève et la colonie artistique poussa un soupir de soulagement. Quel bonheur de retourner au travail ! J'avais de la chance, car mon rôle de Desneiges m'attendait dans *Le Survenant*.

Un jour, sur le plateau, je vis une belle vieille dame élégante assise un peu en retrait et je reconnus l'auteure en personne, madame Germaine Guèvremont. J'allai la saluer et elle me fit l'honneur de me féliciter pour mon interprétation. Puis, en souriant, elle me raconta qu'elle recevait des lettres d'un de mes fervents admirateurs qui lui chantait mes louanges et lui demandait de ne pas écrire des scènes où Desneiges devait embrasser son amoureux. Il trouvait cela déplacé. « Je crois qu'il est jaloux, ajouta-t-elle sur le ton de la confidence, il vous aime pas ordinaire... » Je n'en revenais pas et je n'ai jamais su de qui il s'agissait.

À l'époque, l'œuvre de madame Guèvremont ne m'était connue que par la série télévisée dans laquelle je jouais. Je n'ai donc pas pu lui dire toute l'admiration que j'ai ressentie plus tard pour son écriture. J'ai lu et relu *Le Survenant* et *Marie Didace*, ces deux chefs-d'œuvre, avec une profonde émotion, mais hélas, seulement après la mort de cette grande écrivaine de chez nous.

Ça roulait bien pour moi à la télévision. Presque en même temps que celui de Desneiges dans *Le Survenant*, j'avais décroché le rôle d'une adolescente un peu rebelle dans la série d'Alec Pelletier, *Jeunes visages*, étude très pertinente sur le comportement des ados. Mais je n'en oubliais pas, pour autant, mon vœu le plus cher, celui de remonter sur scène. Mes débuts professionnels, quelques années auparavant, ne m'avaient pas laissé un très bon souvenir. Dans mon Journal, je me plaignais : « *Quand aurais-je ma chance ? Je ne sais pas foncer. Il va falloir que j'apprenne.* »

La chance tant espérée se présenta sous les traits du bouillant metteur en scène Paul Buissonneau. Il montait *Malbrough s'en va-t-en guerre* de Marcel Achard, à la Poudrière, le charmant petit théâtre de l'île Sainte-Hélène, à la demande de sa directrice, madame Jeannine Beaubien.

Je me vis confier le rôle d'une accorte soubrette et je nageais dans la joie. Presque tous les autres comédiens de la distribution (sauf moi), travaillaient ou avaient déjà travaillé avec Buissonneau à la Roulotte, théâtre ambulant qui présentait, dans les parcs de la ville, des bijoux de spectacles à un public d'enfants émerveillés. Il y avait Yvon Deschamps, Mirielle Lachance, Pascal Rollin, Rolande Dumont, François Guillier, François Tassé et moi.

Heureusement que nous nous amusions beaucoup à jouer *Malbrough*, parce que nous n'étions pas payés. À ce moment-là, et avant les règlements de l'Union des artistes (qui finit par légiférer à ce sujet), les compagnies de théâtre engageaient fréquemment des jeunes comédiens qui débutaient sans leur donner de cachet, considérant sans doute qu'ils devaient s'estimer rémunérés du seul fait qu'on leur donnait la chance de jouer et de prendre de l'expérience. Tout le monde sait que les jeunes acteurs, ça ne mange pas...

De notre appartement rue Crescent, Mirielle et moi étions aux premières loges pour assister à un événement qui allait marquer l'histoire de la chanson au Québec. En mai 1959, Chez Bozo ouvrait sa petite scène au-dessus du St-Tropez, un restaurant français très *in*, qui se trouvait vis-à-vis de notre immeuble. Raymond Lévesque, Jean-Pierre Ferland, Clémence DesRochers, Claude Léveillée, Hervé Brousseau et Jacques Blanchet, tous auteurs-compositeurs-interprètes, avaient décidé de se regrouper et de s'offrir une scène à eux. Leur succès fut immédiat. Il faut dire que ce n'était pas le talent qui leur manquait. Nous allions les entendre en bande. L'émotion et l'enthousiasme soulevaient les spectateurs et la petite salle, toujours pleine, vibrait de bravos au dernier salut. Exaltantes soirées! Ceux de mon âge qui ont eu le bonheur d'être là s'en souviennent sûrement encore.

Parfois, entre deux spectacles, Claude Léveillée traversait à l'appartement où souvent notre groupe se réunissait : Mireille, Yvon, Élizabeth, Claude Préfontaine, Ronald France, Claude Saint-Denis. Nous étions tous des amis à peu près du même âge et nous discutions métier, chanson, gloire... Claude Léveillée y aspirait vivement et, pour lui, la gloire se nomma Édith Piaf, lorsqu'elle le « découvrit » Chez Bozo et l'invita à Paris à se joindre à son équipe.

C'était « le début d'un temps nouveau » comme chantait Renée Claude avec les paroles de Stéphane Venne. *Chez Bozo* avait lancé la mode des boîtes à chansons et il y en eut bientôt aux quatre coins de la province. J'ai entendu Gilles Vigneault pour la première fois à celle du cinéma Élysée, *Le*

Chat Noir, en 1960. Autre date mémorable. L'impact Gilles Vigneault fut renversant. On restait ébloui par la poésie, la tendresse, par le vent du large et l'immensité blanche sous la poudrerie qui passaient dans ses chansons. On rentrait chez soi fiers d'être « gens du pays ». Sans aucune prétention, je rends hommage à Gilles Vigneault et à tous les autres qui, à cette même époque, nous ont fait cadeau des plus belles chansons jamais composées chez nous. À ceux de Chez Bozo, j'ajoute les noms de Stéphane Venne, Claude Gauthier, Sylvain Lelièvre, Pierre Calvé, Robert Charlebois, Pierre Létourneau, Paul Piché, François Dompierre... Et bien sûr, leur précurseur à tous, Félix Leclerc. Je leur rends hommage et je les remercie d'avoir embelli ma jeunesse avec leurs inoubliables chansons, qui continuent de m'émouvoir.

* * *

À l'automne de cette année 1959, si riche en événements de toutes sortes, je « m'expatriai » quelques jours dans les studios de la CBC à Toronto, avec toute la distribution de *Médée*, de Marcel Dubé. Ce téléthéâtre avait été présenté en 1957 avec Raymond Lévesque dans le rôle-titre. Gratien Gélinas le remplaça dans la version anglaise, je ne me souviens plus pour quelle raison.

À Toronto, notre équipe put se rendre compte du sérieux avec lequel on travaillait là-bas. Pas question de plaisanter ni de ne pas être à son affaire. Silence et discipline. Quelle différence avec le climat détendu de nos répétitions à Montréal, où notre tempérament latin se manifestait plutôt librement. Mais à la fin, c'est le résultat qui compte, et je ne crois pas qu'on ait eu à se plaindre de notre performance.

Cinq mois plus tard, en mars 1960, second séjour dans la Ville Reine pour l'adaptation télévisuelle du roman bien connu de Mordecai Richler *The Apprenticeship of Duddy Kravitz*. Le réalisateur de *Médée*, Harvey Hart, fit de nouveau appel à mes services pour un rôle intéressant, disait-il, dans l'histoire de ce jeune Juif ambitieux, mais quelque peu dépourvu de cœur. Duddy veut faire fortune à tout prix. Il séduit une jeune femme de chambre, une fille dévouée et sincère (moi), mais la laisse tomber dès qu'il se croit « arrivé ».

Journal, mercredi 9 mars 1960

Tout à l'heure : grosse déception (pour faire changement !). J'ai reçu le texte de Toronto et je n'ai qu'un tout petit rôle. Tu ne peux pas savoir comme je suis furieuse ! Il faut croire que la notion de rôle « intéressant » qu'a monsieur Hart n'est pas du tout semblable à la mienne. J'ai dix lignes de texte, que veux-tu que je fasse avec cela ? Sur le coup, j'ai pensé téléphoner pour dire que je refusais. Puis, j'ai réfléchi. Peut-être que ce voyage me stimulera. Et d'un autre côté, je ne voudrais pas vexer monsieur Hart qui est si gentil, et l'indisposer à mon égard. Je ne contrecarrerai pas la marche des événements. Tout est décidé pour mon départ, alors partons. Un peu d'assurance, ma fille ! Il ne s'agit pas d'arriver là-bas en parente pauvre. Il faut au contraire conquérir, charmer et paraître détendue. Grosse besogne !

En fait, le rôle de la femme de chambre avait été considérablement raccourci pour les besoins de l'adaptation d'une heure à la télévision. Bien des années après, l'œuvre fut portée à l'écran avec Micheline Lanctôt dans le personnage que j'avais joué.

Journal, dimanche, 13 mars 1960 (Toronto)

Eh bien voilà, j'y suis. J'étais nerveuse à l'idée de rencontrer un tas de gens que je ne connais pas, mais tout s'est bien passé, et fort simplement. Tout le monde a l'air aimable, mais rien d'excitant. Si je m'étais attendue à trouver un tas de beaux garçons, j'aurais été déçue. Enfin, me voilà complètement rassurée sur mes compagnons de travail et sur ce que sera l'ambiance des répétitions.

Et un peu plus tard ; Journal, 17 mars 1960

Les autres comédiens commencent à tour de rôle à venir me parler. Vendredi soir, je suis allée souper avec Martin et Perry chez un de leurs amis et après, nous sommes partis tous les quatre pour le cinéma. Puis, à une heure du matin (j'étais au lit), Al Waxman m'a téléphoné pour me proposer une ballade en auto. Tu ne me croiras pas, mais je me suis rhabillée et suis partie visiter Toronto by night, avec mon aimable chauffeur.

★ ★ ★

Il n'y avait pas que les boîtes à chansons qui proliféraient, les théâtres d'été aussi. Dès qu'une belle vieille grange devenait disponible dans un pittoresque coin de campagne ou un charmant village, quelque comédien entreprenant la transformait en théâtre. Période faste pour les acteurs. C'est grâce à cela que j'eus le plaisir d'être sur la scène de La Marjolaine, à Eastman, le 24 juin 1960.

Journal, dimanche 26 juin 1960

> Je suis à Eastman depuis vendredi. La première de Week-End, de Noël Coward, qui inaugure La Marjolaine, a été un franc succès. Beaucoup de monde malgré un sale temps. Il régnait vraiment une chaude atmosphère et une grande excitation. Le public s'est bien amusé et mon personnage a énormément plu, davantage que je ne l'aurais pensé. On l'a remarqué et retenu. C'est énorme, et j'en suis bien heureuse.

En effet, mes répliques faisaient mouche à tout coup. Je jouais une timide jeune fille invitée en week-end dans une famille d'hurluberlus et qui se scandalisait comiquement de leurs façons d'agir. *Week-End* est l'un de mes meilleurs souvenirs de théâtre, non seulement pour le rôle, mais aussi pour la superbe brochette de camarades : Denise Pelletier, Pierre Boucher, Marjolaine Hébert, Benoît Girard, Louise Rémy, Hubert Loiselle, Albert Millaire et Monique Aubry ; sous la direction de Jean Faucher.

Après la représentation, le public était invité à passer derrière la scène, à la boîte à chansons Le Chat Gris, où

l'attendait un second spectacle fait de chansons et de mono-
logues, le tout animé par Normand Hudon, qui déployait
tous les soirs son génie de caricaturiste, pour le plus grand
amusement des spectateurs.

En 1960, La Majorlaine s'embarquait pour une croisière
d'été qui devait se renouveler saison après saison, pendant
trente-cinq ans.

Journal, samedi 30 juin 1960

> *Notre petite vie commence à s'organiser d'une façon très plai-*
> *sante, ici. Ce matin, la maison a été bien nettoyée et les garçons*
> *se sont occupés de l'enjoliver : affiches, reproductions, rideaux,*
> *lampes, etc. Ça fait vraiment habité, maintenant. Je serai ici un*
> *mois. L'endroit est délicieux, et ce sera bien chouette de passer*
> *mes journées au bon air de la campagne. La maison des comé-*
> *diens est perchée sur une assez haute colline d'où la vue, sur le lac*
> *et les montagnes, est magnifique.*

Les célibataires comme moi avaient une chambre dans
cette maison. Les couples, eux, occupaient, pour la plupart,
les chalets dispersés le long du chemin qui descendait au
lac d'Argent, ou bien ceux qui se trouvaient en bas, près
de l'auberge. Toute la colonie se voisinait et cela rendait
le séjour encore plus agréable. Le retour à la vie ordinaire,
dans un Montréal torride et poussiéreux, me fut pénible.
J'enviais ceux qui allaient rester à Eastman tout l'été.

Heureusement, en août, je m'envolais vers San Francisco. Mon premier grand voyage en avion. J'allais visiter

ma sœur aînée, Denise, qui était mariée et vivait en Californie depuis de nombreuses années. Elle venait d'avoir une petite fille que j'avais bien hâte de prendre dans mes bras.

La ville de San Francisco me parut éblouissante, extraordinaire, colorée, fleurie, une merveille ! Ma sœur et mon beau-frère m'emmenèrent voir aussi Carmel et Sansolito, petites municipalités de rêve au bord de la baie. Tout me semblait paradisiaque et je me pâmais d'admiration à tout moment. Que voulez-vous, je n'avais pas encore vu grand-chose de ce vaste monde.

C'est à regret que je dis au revoir à Denise et à Gene. J'avais passé deux des plus belles semaines de ma vie. Mais avant de les quitter, je fis bonnes provisions de bécots sur les joues soyeuses de ma nièce de sept mois, Jennifer-Élizabeth.

Ce voyage, ce dépaysement complet, eut un effet bénéfique sur mon moral. Je revins pleine d'énergie et d'enthousiasme pour reprendre le boulot. J'espérais que la saison suivante me réservait de bonnes surprises.

★ ★ ★

L'amour avec un grand A cueillait, l'une après l'autre, mes amies les plus proches : Mirielle Lachance, Louise Latraverse et Élizabeth Chouvalidzé. Mirielle épousa Yvon Deschamps ; Louise tomba follement amoureuse de Claude Léveillée et enfin, ce fut au tour d'Elizabeth de prononcer le « oui » au pied de l'autel, avec Richard Martin.

Je me retrouvais seule célibataire du groupe. Autant dire un spécimen en voie de disparition, car je n'avais pas de « petit copain ». Le même scénario se répétait inlassablement depuis des années : j'étais aimée et je n'aimais pas. Étais-je restée trop romantique, avec des attentes irréalistes ? Peut-être. Mais j'avais la conviction que je « reconnaîtrais » l'homme de ma vie. *Anne, ma sœur Anne, ne vois-tu rien venir ?* Hélas ! Rien encore à l'horizon.

Journal, lundi 14 août 1961

Alors... Alors, il n'y a plus qu'à attendre, attendre l'amour, l'épanouissement, l'avancement dans mon métier, la possibilité de « faire quelque chose de bien », enfin. Ma vie se résume à cela. J'ai seulement peur de m'étioler en « attendant » et de découvrir que je me suis trompée, que j'ai attendu pour rien. Puis, je me reproche de manquer de confiance. Je me sermonne un bon coup et je recommence. Mais je suis fatiguée de remonter la pendule moi-même. J'aimerais trouver un bon horloger.

Il s'en présenta un quelque temps après. Qu'avait-il de plus que les autres, qui n'auraient pas demandé mieux ? Je ne sais trop. Peut-être qu'il arriva tout simplement au bon moment, au moment où je n'étais plus si sûre de devoir attendre. Je sentais bien que ce n'était pas encore le vrai, le bon, mais justement, le vrai, le bon, l'homme de ma vie tardait trop à venir à moi. R. était là, lui, si enveloppant, si pressant... Je me crus amoureuse et lui abandonnai un soir mon statut de jeune fille sage. Cela dura six mois. Être un bon horloger n'était pas du tout ce qui l'intéressait dans notre relation. Je le sentis très tôt et, déçue de m'être trompée d'adresse, je le mis gentiment à la porte.

Journal, 18 avril 1961

Youpi ! je retourne à Eastman. J'ai un rôle dans la première pièce :
Le mouton blanc de la famille. *On va avoir un plaisir fou,
c'est Jacques Létourneau qui fait la mise en scène et Georges est
de la partie.*

En effet, Georges Groulx et Jacques Letourneau faisaient
bien la paire et les répétitions se transformaient souvent en
rigolades –existe-t-il quelque chose de plus satisfaisant que
de travailler dans le métier qu'on aime, avec de bons camarades ? Cette atmosphère me manquait lorsque j'étais sans
boulot. La pièce faisait connaître une famille pour le moins
hors norme. Tous ses membres, sauf un, le Mouton Blanc,
gagnaient vaillamment leur vie par le vol à la tire. Je jouais
la fiancée de ce jeune homme et, si ma mémoire est bonne,
je le « convertissais » aux habitudes familiales. Les autres
artisans de la fête étaient Henri Norbert, Jean-Louis Paris,
Lucille Cousineau, Lise Lasalle, Gilbert Comptois, Jacques
Zouvi, Louise Rémy et Georges Groulx.

C'est durant ce second séjour à La Marjolaine que je
reçus une demande en mariage aussi étonnante qu'inat-
tendue. Des duettistes français présentaient leur numéro
au Chat Gris, cet été-là. Deux hommes dans la trentaine,
un blond et un brun. Le brun, à ma stupéfaction, se découvrit amoureux de moi alors que nous nous étions à peine
parlé. Il repartait pour la France en septembre et voulait
m'emmener, et m'épouser. Embarrassée, je lui répondis évidemment que c'était impossible et il en parut malheureux.
Le lendemain, je racontai l'aventure à l'un de mes amis qui

était gai. Il se redressa, vexé, en s'exclamant : « Mais, l'autre jour, il s'est presque jeté sur moi en m'avouant son désir ! » J'en conclus que j'avais bien fait de ne pas me monter la tête.

Après Le Mouton blanc, je transportai mes pénates directement d'Eastman au Camp musical d'Orford. Voici pourquoi :

Journal, 7 janvier 1962 (Bilan de l'année 1961)

Côté chant, imagine-toi que j'ai gagné le premier prix au concours régional des Jeunesses musicales et que je me suis retrouvée avec une bourse consistant en un séjour de trois semaines au Camp musical d'Orford. Là, ce fut décevant. Je n'ai pas aimé l'enseignement de Raoul Jobin et je n'ai pas travaillé très fort. J'avais presque tout mon temps libre, alors je lisais, je me promenais, je me baignais. Il a fait très beau et, pour moi, ces semaines ont plutôt été un prolongement de vacances qu'un temps d'étude.

La technique qu'enseignait Raoul Jobin contrecarrait celle de mon professeur Alphonse Ledoux, en qui j'avais une confiance inébranlable, tout en sachant que sa méthode d'entraînement du diaphragme était controversée. Monsieur Jobin, je le constatai bientôt, ne l'approuvait pas. Nous avions des prises de bec qui, pour être polies, n'en étaient pas moins embarrassantes pour lui comme pour moi. Alors, je quittai le cours.

J'ai toujours gardé, cependant, un excellent souvenir de mes « vacances » au camp musical ; à cause de la nature si belle, des merveilleux concerts, des échanges avec les autres jeunes et, surtout, parce que c'est là que j'ai fait la connaissance de l'une de mes meilleures amies, Katharine Cohen, pianiste de grand talent, avec qui j'eus immédiatement des atomes crochus... qui le sont toujours autant après plus d'un demi-siècle.

À la fin du bilan de l'année 1961, j'ajoutai un petit mot sur mon unique incursion dans le théâtre anglophone.

Journal, janvier 1962

> En décembre, j'ai joué dans une comédie anglaise Doctor in the house au Théâtre-Club. J'ai fait la rencontre de plusieurs acteurs de langue anglaise fort sympathiques. Le spectacle n'a pas marché bien fort, même si le public qui était là riait beaucoup. J'ai eu une excellente critique, pour ma part, de Sydney Johnson, qui m'a décerné les top honors de la représentation. Ça m'a plu énormément de jouer en anglais. Je me sentais plus libre, plus à l'aise.
>
> Je ne sais pas comment expliquer cela. Mais je ne suis pas la seule, j'ai entendu d'autres acteurs francophones faire la même remarque quand ils avaient l'occasion de jouer en anglais.

★ ★ ★

«Tam ti dilam, tam ti dila dilam»... Quoi de plus agréable que de commencer l'année par une fête villageoise? C'est ce qui m'arriva le premier de l'An 1962 dans un téléthéâtre au titre entraînant, La grande gigue. J'y dansais joyeusement avec Jean Duceppe, Julien Bessette, Yves Gélinas et beaucoup d'autres.

★ ★ ★

Et voici que s'avance majestueusement *Le Roi Cerf*, de Carlo Gozzi, au théâtre du Gésu. Ce roi doit faire le choix difficile d'une épouse parmi 2750 prétendantes. Interventions magiques, fantaisie débridée, dans une mise en scène d'Yves Massicotte. Les protagonistes de cette fable merveilleuse étaient Monique Aubry, Jocelyne France, Louis de Sentis, Ronald France, Bertrand Gagnon, Claude Saint-Denis et moi, qui pour l'unique fois, jouais une princesse et chantais un duo d'amour avec Gilles Marsolais.

En deuxième partie de ce spectacle, on changeait de style, mais non d'atmosphère, avec *Le dépit amoureux*, de Molière. Jocelyne France et moi, ainsi qu'Yves Massicotte et Claude Préfontaine, nous débattions dans un imbroglio drôle et sentimental, comme Molière savait si bien les inventer, et Georges Groulx si bien les mettre en scène.

Il y avait deux ans que je fréquentais l'Atelier Georges Groulx, où j'avais rejoint plusieurs de mes camarades après la fermeture de l'école du TNM. Les cours se donnaient à l'école Bourget, rue de la Montagne, une fois les élèves partis. Notre groupe de jeunes comédiens frémissants d'ambition formait une classe peu conventionnelle et notre professeur l'était encore moins. Nerveux, volubile, drôle, trouvant toujours l'expression imagée pour nous faire comprendre un personnage, Georges nous insufflait non seulement sa passion, mais aussi son respect pour le théâtre.

Il était toujours si occupé, avant comme après les cours, que souvent il négligeait de manger, et nous étions plusieurs petites « mères » à nous inquiéter de cette situation. L'une ou l'autre descendait alors chez le concierge (qui s'était improvisé traiteur pour comédiens pressés) lui chercher un sandwich qu'il dévorait sans même s'en apercevoir tout en continuant à expliquer, à gesticuler. Cher Georges. Il se donnait généreusement, complètement, et nous avions pour lui autant d'affection que d'admiration.

Parallèlement au théâtre et à la télévision, je travaillais aussi à la radio, où j'aimais l'atmosphère feutrée des studios. Groupés autour du micro et prenant bien garde de ne pas tousser, renifler ou faire du bruit avec les feuilles, les comédiens jouent leur rôle les yeux rivés sur leur copie (avantage de la radio : on n'est pas obligé d'apprendre son texte par cœur). Ce n'est qu'à la radio que j'ai eu le bonheur d'interpréter des grands textes classiques, et j'ai longtemps regretté, comme la plupart des gens du métier, la disparition de ces belles lectures ainsi que des émissions dramatiques.

★ ★ ★

Il y avait près de dix ans que je gagnais ma vie en faisant ce que j'aimais le plus au monde, mais je souhaitais ardemment avoir l'occasion de prouver mon talent avec plus d'éclat. Je trouvais que les beaux grands rôles me passaient sous le nez. J'aurais tant voulu, comme je l'ai déjà dit, jouer des personnages qui seraient venus me chercher jusqu'au fond des tripes. Mais on ne semblait pas penser à moi pour

ce genre de rôle. Le jour où j'avais vu Vivien Leigh dans A
Streetcar Named Desire, j'avais été si bouleversée que j'étais
sortie du cinéma en pleurant sans pouvoir me contrôler. Je
me cachais derrière le dos du copain qui m'accompagnait.
Quelle actrice, mon Dieu! Serait-il possible de jamais jouer
aussi bien?

Journal, 7 octobre 1961

> *Quand j'ai mes angoisses, ce n'est pas toujours parce que j'ai*
> *peur de l'avenir, c'est la crainte de n'être pas assez bonne, de ne*
> *pas travailler assez fort, de ne pas donner ma pleine mesure, de*
> *n'être qu'une inutile. C'est cela qui me serre le cœur et me fait*
> *douter de tout.*

Je crois que je souffrais d'un trop grand désir de perfection. Il eût fallu que je sache accueillir la vie avec plus de
simplicité, plus de détente. J'avais tant de raisons de lui être
reconnaissante. Mais je ne voyais que ce que je n'avais pas.
Personne, je pense, ne soupçonnait chez moi cette tendance
à l'angoisse, ce fond de mélancolie rattaché à la précarité
de la vie et à la difficulté d'atteindre son idéal. C'était mon
côté ombre. Mon côté lumière me permettait de remonter la
pente presque aussi vite que je l'avais descendue. Un espoir,
une belle journée, mes chansons préférées à la radio, des
nouvelles d'un ami, et je retrouvais ma bonne humeur.

L'amitié a toujours tenu une place extrêmement importante dans ma vie, et j'avais aussi de bons amis en dehors
du milieu des comédiens. Des amis que je voyais souvent

et qui étaient les membres de l'équipe de danse folklorique de Jacques Carrière, à Montréal. C'est avec eux que, dans ma jeune vingtaine, je faisais des excursions, des voyages, du camping, que je passais des week-ends d'hiver aux différents chalets que nous louions dans les Laurentides, à Val-David, Sainte-Adèle ou Val-Morin. Mes copains glissaient sur les pentes tandis que je me contentais de petites randonnées, n'ayant pas du tout amélioré ma technique de ski depuis mon adolescence.

On aurait dit que j'avais besoin, parfois, de ces jours de distance par rapport aux préoccupations habituelles de mon métier, par rapport également à ceux qui, comme moi, le pratiquaient. Ces petites fugues dans la nature avec des amis tout simples me remettaient les pieds sur terre.

Après *Le Roi Cerf*, il y eut un grand creux au niveau du travail et j'en profitai pour me plonger dans la lecture de plusieurs ouvrages et me livrer à toutes sortes de réflexions sur la vie, sur moi-même. Où en étais-je rendue ?

Journal, 21 avril 1962

C'est curieux comme rien ne semble réel, ces jours-ci. La journée d'hier est floue, sans consistance, comme pas vécue. Monique P. est venue me voir. Nous avons beaucoup parlé, mais ça me fatiguait. Je n'ai plus envie de parler. Ces longs mois de solitude m'ont fait aimer le silence. « Une seule chose est nécessaire, c'est la solitude. Rien de grand ne se fait qui ne soit d'abord préparé dans la solitude. » Cette réflexion de Rainer Maria Rilke me réconcilie avec ma propre solitude. Lorsque je suis en compagnie d'autres personnes, obligée de faire la conversation, il me semble que je me perds, que je fuis de moi-même comme l'eau d'un seau percé. J'ai besoin ensuite de me ressaisir. Je voudrais voir les gens seulement quand j'en ai envie. Ce n'est pas toujours possible.

Je vais bientôt habiter un nouvel appartement et ça me fait grand plaisir de changer de décor. J'ai l'impression que de bonnes choses vont m'arriver. La dépression et le doute ont fait place au calme et à la sérénité. Je me sens comme une terre fraîchement labourée, ouverte, douce. Mon cœur est gonflé de pitié pour les malheurs de l'humanité et je voudrais que la terre entière soit heureuse et en paix.

★ ★ ★

Le premier mai, j'emménageai au 1830, de la rue Baile, sans coloc. J'avais compris que je serais mieux seule. L'appartement était spacieux et agréable avec un balcon qui donnait sur la cour intérieure. Deux de mes amies comédiennes habitaient déjà le 1830, Aline Caron et Élizabeth Chouvalidzé, celle-ci avec son mari Richard Martin et leur petit Philippe.

L'immeuble Patenaude (du nom de son proprio) était populaire auprès des gens qui travaillaient à Radio-Canada, non seulement parce qu'il se situait tout près, mais aussi parce qu'il avait bonne réputation, qu'il était bien tenu et que les loyers n'étouffaient pas les locataires.

Du temps où la Société Radio-Canada résidait boulevard Dorchester, je crois qu'il n'est pas exagéré de dire qu'elle était l'âme de ce secteur de la ville, qui va de Crescent à Atwater, vers l'ouest et vers le sud, de Sherbrooke à Dorchester. Avec ses centaines d'employés, fonctionnaires, techniciens, artisans et créateurs en tous genres, elle générait une activité qui débordait dans les rues avoisinantes, en raison des salles de répétition et des ateliers dispersés un peu partout autour. Des boutiques chics, des restaurants français de plus en plus nombreux ouvrirent leurs portes : Le Paris, La Côte d'Azur, Le Mas des Oliviers et d'autres encore. Le Café des artistes, blotti coin Mackay et Dorchester, ne désemplissait pas. Des bars comme Le 400, La Régence, Chez Bourgetel pouvaient compter sur la clientèle assidue des gens du spectacle, qui aimaient s'y retrouver dans une ambiance relaxante. On y allait aussi pour se faire voir, moi comme les autres, pour montrer qu'on était à la page ou qu'on arborait une nouvelle coiffure. « Miroir, miroir, dis-moi, qui est la plus belle ? » Je pense qu'on y allait surtout pour passer de bons moments entre gens branchés sur la même longueur d'onde.

En ces années des débuts de la télévision, il était difficile de circuler rue Sainte-Catherine, à l'ouest de Guy, d'entrer dans un restaurant ou dans l'un des deux cinémas du quartier, Le Séville ou le York (aujourd'hui disparus), sans tomber sur quelqu'un de la « boîte ». On se sentait presque en famille. Tout a changé très vite après le déménagement de Radio-Canada. Ça me rend triste à présent de passer par là. Mes souvenirs ne s'y reconnaissent plus.

★ ★ ★

Rue Baile, alors que je commençais à peine à déballer mes cartons, je reçus le coup de téléphone qui mettait fin à trois mois de carême. Jean Dumas, réalisateur à Radio-Canada, m'offrait un rôle dramatique dans une télésérie d'été de treize épisodes intitulée *Absolvo Te*. C'était un texte de Jean-Robert Rémillard qui mettait en lumière le dilemme d'un prêtre (Claude Léveillée) face au secret de la confession, lors d'un procès pour meurtre. J'incarnais la maîtresse d'un notable de la ville, qui allait faire à l'abbé une troublante confession. Il y avait du suspense dans cette histoire et de belles et fortes scènes à jouer pour moi.

On me confiait généralement des rôles dans les comédies, mais le drame me permettait de pousser plus loin mes possibilités. En ce sens, il y eut aussi *La mercière assassinée* d'Anne Hébert où, petite domestique cruellement humiliée par les enfants de mes maîtres, je me vengeais devenue adulte, en les éliminant l'un après l'autre. Allez hop, au suivant !

Puis, dans un téléthéâtre où j'étais une pauvre fille enceinte à la suite d'un viol, je criais mon désespoir à un médecin de campagne (Ovila Légaré) que je suppliais de me sauver du déshonneur. J'eus de très bons commentaires pour ce rôle.

En énumérant ainsi les uns après les autres mes engagements professionnels durant les premières années de ma carrière, on dirait presque que je n'arrêtais pas de travailler. Ce qui n'était pas le cas. Cela venait par bourrées comme pour la plupart de mes camarades et, après, il pouvait s'écouler des semaines, voire des mois (c'est ce qui arriva après *Le Roi Cerf*) sans une offre de rôle. C'était difficile alors de ne pas déprimer. Le manque de boulot est toujours dévalorisant. D'autant plus que la première question qui vous est posée par les autres acteurs que vous rencontrez est : « As-tu du travail ? » Ça ne fait pas plaisir de devoir répondre : « Je n'ai rien. »

Qu'est-ce que je faisais pendant les périodes sèches ? Je lisais beaucoup. J'allais parfois au cinéma et au théâtre avec des amis. Mais j'étais souvent seule. Il m'arrivait d'aller passer quelques jours chez mes parents, à Iberville. Causer avec maman, revoir la famille me faisait du bien, m'aidait à remettre les choses en perspective.

★ ★ ★

Par un bel après-midi de juin 1962, je me prélassais au bord de la piscine du Domaine des Prairies, à Joliette, en compagnie d'Andrée Lachapelle et de Robert Gadouas. Nous étions réunis, avec Paul Alain et Raymond Royer, dans une adorable comédie sentimentale de Marc-Gilbert Sauvageon : *Au Petit Bonheur*.

Cette année-là, Jean Duceppe se lançait à son tour dans l'aventure du théâtre d'été et pour la seconde fois, je jouais dans le spectacle d'inauguration d'un nouveau plateau champêtre. Situé sur une presqu'île, le Domaine des Prairies était un coin très agréable, avec une grande piscine, un petit casse-croûte et quelques chalets, dispersés dans les champs autour du théâtre. On s'y sentait bien loin de la ville, même si Joliette était à dix minutes en voiture, et j'ai particulièrement aimé mes séjours dans cette région.

Je traversais une période heureuse où je me rendais compte de ma chance, où j'appréciais tout ce que m'offrait la vie. Et alors, je ne comprenais pas pourquoi je me mettais souvent dans des états de morosité que ma jeunesse, ma santé et mes perspectives d'avenir auraient dû m'interdire. Mais allez donc savoir pour quelles obscures raisons nos petites cellules commencent tout à coup à s'agiter dans le mauvais sens.

★ ★ ★

Journal, 7 janvier 1963

> Je suis en pleine répétition de Patate de Marcel Achard, que nous allons jouer au Stella. J'ai eu la chance d'être choisie, après audition, pour le personnage d'Alexa. Mais je suis un peu inquiète. Le metteur en scène, Paul Gury, ne donne pas beaucoup de directions et je me sens gauche, j'ai du mal à trouver le ton juste. L'autre soir, j'étais tellement découragée que je n'ai pas pu m'empêcher de pleurer dans le taxi qui me ramenait chez moi. Le chauffeur était tout alarmé : « Mademoiselle, Mademoiselle, est-ce que je peux faire quelque chose pour vous ? » J'avais comme un grand besoin de sentir un peu de sympathie. Je suppose que ça va s'arranger dans les semaines qui viennent, mais en ce moment, je rame !

C'était vrai, et Yvette Brind'Amour n'était pas contente. Elle secouait Paul Gury (son mari) : « Mais fais-la bouger, c'est beaucoup trop statique ! » Il a fallu l'aide de Gérard Poirier. On allait travailler chez lui. Puis, un beau jour, la lumière a jailli. J'ai saisi mon personnage par la peau du cou et après, tout se passa bien.

« Patate », de son vrai prénom Léon, découvre par hasard la liaison de sa fille Alexa avec son meilleur ami, en qui il avait une totale confiance. Il en est dévasté. Jean Duceppe tenait magnifiquement ce rôle, soutenu par Olivette Thibault qui jouait sa femme, par Gérard Poirier qui prêtait son élégance à l'amant d'âge mûr, et par Catherine Bégin qui donnait humour et dignité à l'épouse trompée. *Patate* fut l'une des plus grandes réussites du Rideau Vert à cette époque-là.

Journal, 18 mars 1963

Les représentations de Patate sont terminées. Le mois a passé comme un éclair et la pièce a superbement bien marché. Mon rôle était le plus important que j'aie joué à ce jour, au théâtre. On a fait sur moi pas mal d'éloges dans tous les journaux. Je crois que j'ai étonné beaucoup de gens. J'espère que ce vrai succès n'est que le début d'une heureuse série. Il en serait temps.

★ ★ ★

Le printemps et l'été 1963 ne désavouèrent pas le dicton qui veut que « tout arrive en même temps ». D'abord, ce fut un énième téléthéâtre, *L'amour des deux orphelines*, de Jean-Robert Rémillard, avec Geneviève Bujold et Réjean Lefrançois. Ensuite, retour de *Patate* au Théâtre des Prairies, où mon personnage changeait de mère et d'amant,

Denise Morelle remplaçant Olivette Thibault, et Raymond Royer endossant le rôle de Gérard Poirier. Fin août, début des répétitions pour *Un dimanche à New York*, au Stella. Cette comédie légère avait été jouée à Paris par Marie-Josée Nat, dont je reprenais le rôle de la jeune fille naïve qui débarque, sans prévenir, chez son Don Juan de frère, à New York, provoquant des situations embarrassantes.

Mes compagnons pour ce joli voyage étaient Hubert Loiselle, François Cartier, Marie-Anick, Yvon Leroux et Aubert Pallascio. J'eus une critique très flatteuse du côté anglais par Lawrence Sabbath de *The Gazette* et une moins bonne dans un journal francophone. Je suppose que l'on ne peut plaire à la fois à tout le monde et à son père...

Un dimanche à New York terminé, je reprenais les répétitions pour *Patate* en vue d'un voyage, bien réel celui-là, à la Manicouagan.

Journal, 17 novembre 1963

Décidément, Patate ne veut pas nous lâcher. Le mois dernier, nous avons été invités à aller jouer la pièce à la Manicouagan et c'est là que nous avons fêté la centième représentation. Le public était conquis d'avance et nous a beaucoup applaudis. Les gars n'ont pas souvent la chance d'avoir du théâtre sur le chantier. Il y a eu un party après et on s'est bien amusés. Le lendemain, des messieurs d'Hydro-Québec nous ont emmenés voir le barrage. Tu n'as pas idée comme c'est impressionnant, c'est gigantesque ! Je ne suis pas près d'oublier ce voyage et la gentillesse de ceux qui nous ont accueillis à la Manic.

Trois mois plus tard, en plein hiver, je retournais à la Manicouagan. C'était pour un film de l'ONF avec le cinéaste Arthur Lamothe et dans l'agréable compagnie de Monique Miller, Gabriel Gascon et Gilles Vigneault. L'intrigue du film m'est sortie de la mémoire. Je me rappelle seulement que je travaillais à la cantine, que j'étais la petite amie de Gilles Vigneault et que je l'embrassais tandis qu'on le ramenait, blessé, sur une civière.

Le matin du premier jour de tournage, le mercure indiquait -50 degrés Fahrenheit. Mais l'air était si sec et transparent qu'on n'avait pas la sensation d'un aussi grand froid. Bien emmitouflées, Monique et moi marchions dans la neige qui crissait sous nos pas, au milieu d'un paysage éblouissant de blancheur, qui paraissait figé dans du cristal.

⋆ ⋆ ⋆

Depuis un an, quelque chose d'important se passait dans ma vie : je voyais régulièrement une psychologue. Je m'y étais résolue à la suite d'une période particulièrement difficile sur le plan émotif, comme en témoigne cette page de mon journal :

Journal, 22 janvier 1962

Je suis debout sur le fin bord de l'abîme. Mes yeux se brouillent et un vertige me prend. J'étends les bras de chaque côté et ils ne rencontrent rien. Autour, tout est vide, sec et nu. Et j'ai si peu de poids que le moindre souffle pourrait me précipiter au fond du trou...

Mais non, je mens. Je ne sombrerai pas, je n'aurai pas de crise de nerfs, je ne deviendrai pas folle. Je resterai immobile, comme maintenue par une racine profonde. Le désespoir ne peut pas vraiment m'atteindre. Mon espoir, sans cesse piétiné, se relève inlassablement. C'est lui qui me garde en vie, mais une vie qui traîne. L'attente m'exaspère. Et puis tout à coup, je ne sais plus ce que je veux ni si je veux bien ce que j'attends.

Ah, mon pauvre ami. Tout ce que j'ai pu raconter dans les pages de ce Journal, toutes ces bonnes intentions, ces sublimes désirs de perfection, de dévouement, ces plaintes, ces prières... Je relis tout cela et je ris amèrement. Mon cœur se soulève. Ma foi est ébranlée de voir tant de saletés, d'injustices partout, et de constater que le Ciel se tait. Mais je serre les dents, je me répète qu'il faut continuer à croire et à espérer. Sans cela... »

La décision d'entreprendre une thérapie fut l'une des meilleures que je n'aie jamais prises. Si la thérapie n'accomplit pas de miracles, elle aide à y voir plus clair, à démêler les nœuds. Elle aide aussi à gérer l'angoisse et à accepter que rien ne soit jamais parfait; elle m'a appris à avoir plus d'indulgence envers mon pauvre petit « moi » inquiet et à prendre la vie comme elle vient. Certaines choses peuvent être améliorées, d'autres pas. Bien sûr, on doit y travailler tous les jours. C'est la condition pour maintenir l'équilibre. Mais « il faut bien faire avec ce que le Bon Dieu nous a donné », disait ma vieille tante Adrienne. Sagesse populaire et gros bon sens.

Était-ce la thérapie ? Mon discours se faisait plus optimiste dans le Journal, où j'écrivais :

Un nouvel état d'esprit commence à s'installer en moi. Je crois que je me suis toujours méconnue. Jusqu'ici, j'ai été une Lion inhibée. Eh bien, ça va changer. J'avais peur de ma vraie nature, je me réprimais, je me retenais. Je voulais être celle qui ne perd jamais le nord, qui ne s'emporte jamais. J'essayais d'être parfaite. Il faudra dorénavant que j'apprenne à m'accepter telle je suis, avec mes qualités et mes faiblesses, que j'accepte de me tromper parfois, de m'engager, quitte à être blessée sur le parcours. Prendre le large et avoir confiance. Mes enfants, tenez-vous bien ! Vous allez bientôt voir une Margot qui va vous étonner !

★ ★ ★

C'est un sombre après-midi d'automne. Je me prépare à partir pour ma répétition. La radio est allumée et soudain, j'entends une terrible nouvelle : le président Kennedy vient d'être assassiné. Nous sommes le 22 novembre 1963. Je l'annonce aux autres en arrivant au studio. Silence consterné, regards émus. Nous répétons *Mon père avait raison*, de Sacha Guitry. J'ai un rôle très amusant. Mais personne n'a plus le cœur à la comédie.

★ ★ ★

Durant l'été de cette même année, alors que je jouais *Patate* à Joliette, des amis d'une de mes copines, les L., que je connaissais déjà, me présentèrent leur fils Roland. Je le trouvai très sympathique et il se montra intéressé à me revoir.

Journal, 24 novembre 1963

[...] Abordons maintenant le chapitre sentimental. Il y a deux hommes dans ma vie en ce moment. Le premier, Roland L., 32 ans, tout ce qu'il y a de bien. Professeur d'université, amateur d'art et de voyages. Ses parents m'adorent et, s'il me plaisait, si j'étais amoureuse, je pense bien qu'il serait question de mariage dans un avenir rapproché. Il est d'une grande gentillesse et, je crois, d'une grande timidité avec les femmes. Je sais que je lui plais, mais voilà, quelque chose ne clique pas. Malgré ses très belles qualités, je ne suis pas attirée, ce n'est pas mon genre d'homme. Je lui ai parlé avec beaucoup de sincérité en souhaitant intérieurement que quelque chose se déclenche en moi en sa faveur. Mais non. Cependant, il dit qu'il est prêt à attendre.

L'autre homme, c'est Henry G., un très beau garçon qui n'arrive pas à la cheville de Roland, mais à qui je ne cesse de penser. Avec lui, il y a eu le déclic tout de suite. C'est un gars étrange, indé- chiffrable, mystérieux, et il m'attire dangereusement. Toutefois, mon instinct me dit que je ne suis pas à la bonne adresse. Claude m'a prévenue que ce n'est pas un garçon fiable. Il me demande beaucoup, il a sans cesse besoin d'être encouragé, entouré. Il vient souvent chez moi, il boit la bière ou le vin que je n'achète que pour lui, mais il ne m'invite jamais nulle part et ne s'intéresse guère *à ce que je fais. Bref, un enfant gâté et qui manque de maturité. Voilà pourquoi je retiens mes ardeurs.*

★ ★ ★

Quelques jours avant Noël, en 1963, il y eut un incendie chez mes parents, à Iberville. Le locataire de l'appartement au-dessus s'était endormi avec sa cigarette. Les pompiers arrivèrent très vite et on alla se réfugier chez oncle Gérard Gauthier et tante Madeleine, de l'autre côté de la rue. Papa était effondré, il pleurait. Maman avait les yeux rougis, mais elle tenait le coup. À plusieurs reprises, je retournai dans la maison pour prendre des vêtements et ramasser les cadeaux de Noël qui flottaient déjà dans l'eau sous le sapin. J'étais la seule en visite à la maison ce week-end-là, et ceux de mes frères et sœurs qui habitaient toujours chez nos parents étaient tous sortis. Quelle affreuse surprise à leur retour, vers minuit ! Avec mon père et ma mère, je passai la nuit chez les Gauthier pendant que ma jeune sœur Francine, mes frères Jacques, Pierre et Louis trouvaient à s'héberger chez des amis.

Le feu avait complètement ravagé le logis d'en haut, mais chez nous, au rez-de-chaussée, les dommages venaient surtout de l'eau et de la fumée. Il faudrait au moins un mois de travaux pour tout remettre en ordre.

C'est avec tristesse que je repris l'autobus pour Montréal, le lendemain matin, en sachant que les fêtes étaient fichues pour ma famille. Quant à moi, j'avais déjà été invitée chez les parents de Roland à Québec. Ils me reçurent avec beaucoup de chaleur et de simplicité.

Au sortir de l'église, après la messe de minuit, une jolie petite neige en paillettes d'argent tombait toute tranquille. Le temps n'était pas trop froid et il y avait encore des cantiques dans l'air. « C'est la nuit de Noël idéale », fis-je remarquer à Roland. « C'est bien vrai », répondit-il d'un ton pénétré, en me prenant la main. Et je pensai : « Comme ce serait merveilleux si j'étais amoureuse... » Mais je ne l'étais pas.

En rentrant avec ses parents, nous croisâmes leur voisine de palier, une très jolie brune. Au coup d'œil qu'elle me jeta, je compris tout de suite qu'elle avait des visées sur Roland et qu'elle n'était pas trop heureuse de me voir là. « C'est une jeune infirmière, dit madame L. ; elle est très aimable et cherche toujours à nous rendre service. Nous l'aimons beaucoup. » Tiens, tiens...

Le lendemain, au cours d'une longue promenade, j'essayai de faire comprendre à Roland qu'exerçant mon métier à Montréal, je ne pouvais envisager de tout laisser dernière moi pour aller vivre en Ontario, où lui, enseignait à l'Université de Kingston. Je lui avouai que je n'étais pas assez sûre de mes sentiments. Il me répondit qu'il réfléchirait à tout cela et, en attendant, il fut convenu que nous cesserions de nous voir pour un temps.

Plus tard, lorsqu'il me déposa à ma porte, rue Baile, je savais déjà que malgré ses nombreuses qualités et tout ce que nous avions en commun, je ne serais jamais amoureuse de lui.

Je ne le revis plus. Quelque temps après, ma copine, amie de ses parents, m'apprit que Roland avait épousé la voisine infirmière. J'avais donc deviné juste. Je ne sais pas exactement combien d'années ils ont pu vivre heureux ensemble avec leurs deux petits, avant la mort subite de Roland. Dix ans? Douze ans? C'était un homme d'une grande valeur et j'ai trouvé triste qu'il disparaisse aussi jeune.

★ ★ ★

L'année 1964 débuta par une autre rupture, celle avec Henry. Oh, ce ne fut pas joli! Monsieur n'était pas content. Mais malgré son « tantrum » de bébé gâté, qui m'avait donné l'occasion de découvrir sa vraie nature égoïste et manipulatrice, j'ai continué de penser à lui un bon moment. Puis, heureusement, le travail me happa et Henry G. s'effaça lui aussi dans l'oubli.

★ ★ ★

Avec *La bonne planque* de Michel André, en juin 1964, j'entamais mon troisième séjour consécutif à Joliette et ma cinquième prestation au théâtre estival, en comptant les deux saisons précédentes à La Marjolaine. Mais le printemps 1965, lui, apporta un changement au menu. Je me vis offrir non pas de jouer sur scène, mais d'être coanimatrice, avec Pierre Thériault, d'une émission hebdomadaire de variétés à Télé-Métropole. J'étais absolument ravie. L'émission s'appelait *La Belle Époque* et évoquait par des chansons, des danses, des costumes, et aussi par la lecture des grands titres des journaux du temps, les événements les plus marquants dans tous les domaines, de 1900 à 1950. Pierre et moi, à tour de rôle, chantions quelques-uns des refrains populaires de la période choisie.

La *Belle Époque* plut tellement aux téléspectateurs que la direction du Canal 10 décida de la prolonger au-delà de l'été. Serge Laprade remplaça Pierre Thériault à l'automne et, entre nous, ce fut l'entente immédiate, la complicité spontanée, et notre amical tandem gagna l'affection du public.

Intéressante retombée, pour moi, du succès de l'émission, la maison RCA Victor me demanda d'enregistrer un disque de ces immortelles mélodies des années 1900. Aimé Major, un baryton à la voix chaude et un homme charmant que j'aimais beaucoup, fut choisi pour m'accompagner dans cette randonnée musicale nostalgique, qui eut pour titre *Margot Campbell et Aimé Major chantent « La Belle Époque »*. À la réception du lancement, un jeune homme s'approcha de moi pour me féliciter et ajouta : « Vous ne pouvez pas savoir à quel point vous êtes aimée. » Je l'aurais embrassé ! Je le remerciai de tout cœur. Lui ne pouvait pas savoir combien son témoignage me touchait.

$$\star \;\; \star \;\; \star$$

Charmante comédie musicale américaine, *Les Fantastiks* tenait l'affiche Off Broadway à New York depuis plus d'une décennie. Le TNM la produisit à l'automne 1964, dans une traduction française d'Éloi de Grandmont et une mise en scène de Jean Gascon. La distribution comprenait Gabriel Gascon, Yvon Deschamps, Edgard Fruitier, Jean-Pierre

Compain, Léo Ilial, Victor Désy, Jacques Kasma et moi-même. Au piano, Roger Le Sourd et Colombe Pelletier.

L'histoire est basée sur une pièce d'Edmond Rostand, *Les Romanesques*. Deux bons amis, pères d'une fille pour l'un et d'un garçon pour l'autre, rêvent de voir leurs enfants s'épouser un jour et usent à cette fin d'un astucieux stratagème. Ils feignent une grosse querelle et défendent à leur progéniture de se voir, sachant bien que fille et fiston n'auront rien de plus urgent que de passer outre et de tomber amoureux, comblant, à leur insu, les vœux les plus chers de leurs papas. Il y avait plein de jolies chansons et de scènes cocasses. J'obtins le rôle de la jeune fille, que je convoitais depuis longtemps, après audition devant le directeur musical, Roger Le Sourd, qui jugea que ma voix avait les qualités voulues.

Journal, 27 avril 1965

Petit résumé de cette année entière durant laquelle je ne suis pas venue me confier à toi. Le plus gros événement de ma carrière s'est réalisé l'automne dernier. Le TNM a enfin pu monter Les Fantastiks et j'ai joué le délicieux rôle où je devais chanter et danser, en compagnie d'Yvon Deschamps. Tout marchait très bien aux répétitions. Jean Gascon n'arrêtait pas de me dire que j'étais le perfect casting, mais le soir de la première, je me suis tapé le trac le plus horrible que tu puisses imaginer et je n'ai pas donné ma pleine mesure. J'en étais désespérée et, évidemment, les critiques n'ont pas été fabuleuses pour moi. Quand la tension des débuts fut tombée, j'ai repris du poil de la bête et j'ai eu de très bons soirs, et puis quelques fois encore, de moins bons. Il n'y avait aucune raison. Je ne comprends pas ce qui m'arrivait par moments et cela me trouble.

Un terrible sentiment d'échec m'accabla alors. Je voyais bien que j'avais un problème avec le fait de chanter. Ça me donnait toujours cent fois plus le trac que de jouer. Peut-être voulais-je trop bien faire et en oubliais-je de m'amuser ? Mais je crois que je souffrais de ce qu'on appelle aujourd'hui le syndrome de l'imposteur. C'était comme si je n'avais pas eu le droit, moi, d'être chanteuse « en plus » d'être comédienne. J'avais peur d'être jugée plus sévèrement à cause de cela et je me sentais une sorte d'obligation à la perfection qui me causait un grand stress. Ce n'était pas les meilleures dispositions pour donner une bonne performance.

Ce fut plus facile à la Place des Arts, lors de ma deuxième prestation au théâtre musical, en mars 1966. Jacques Létourneau, comédien et metteur en scène, fut engagé pour diriger la production de la célébrissime opérette de Franz Lehar *La Veuve Joyeuse*, avec Pierrette Alarie dans le rôle-titre. Il me confia celui de Manon, une des « p'tites femmes de chez Maxim's ». Un rôle plein de piquant, avec entrée en scène spectaculaire de la fille se jetant du haut d'un escalier, dans les bras tendus des danseurs. Ça faisait beaucoup d'effet et je récoltais les applaudissements de la salle. Le plus beau, c'est que je ne chantais pas seule ; j'unissais ma voix à celles des trois autres « p'tites femmes » et, le trac du solo m'étant épargné, je pus donner libre cours à ma fantaisie et m'amuser. La critique me trouva pétillante et tout à fait dans le ton de l'œuvre de Lehar. Dommage qu'il n'y ait eu que trois représentations au contrat. J'en aurais pris beaucoup plus.

★ ★ ★

Pendant ce temps que se passait-il côté cœur ? Il y avait R., mon ex, qui à coups de gerbes de roses et de billets doux (« ta pensée ne me quitte pas… »), tentait de me reconquérir. Mais pour moi, ce bref chapitre était terminé. Je sortais, sans trop de conviction, avec F., un jeune homme que je trouvais intéressant, bien qu'un peu immature. En fait, j'attendais toujours le grand amour.

Journal, dimanche 27 juin 1965

Ah, mélancolie des dimanches soirs !… J'essaie d'y échapper, mais je n'y arrive jamais tout à fait. C'est le moment de la semaine où je me sens le plus seule. Je suis rentrée de Longueuil où j'ai passé le week-end chez Monique et Normand. Il a fait très beau et j'ai pris des bains de soleil. Je me sentais bien, heureuse. D'ailleurs, c'est extraordinaire à quel point je deviens à l'aise dans ma peau. Il me semble que je suis enfin parvenue quelque part, sur le point de _me_ trouver vraiment et de comprendre le sens de la vie, de _ma_ vie. En tout cas, comme je te dis, je me sens bien. Je le répète pour te changer un peu de mes ritournelles tristes des années passées.

La Belle Époque a débuté et nous n'avons que de bons échos, cela également contribue à mon bien-être actuel. J'ai enfin l'impres-

sion d'un accomplissement, du moins d'un début d'accomplisse-ment. Il ne me manque que l'amour.

* * *

Comme je venais de rentrer à mon appartement après l'émission et que je songeais à me mettre au lit, un coup de fil m'arrêta, un soulier dans la main. C'était mon bon ami Gabriel Nobert qui m'invitait à aller prendre un verre avec lui et un de ses amis qu'il voulait me présenter. À cet instant même, je sentis mon tic-tac intérieur s'accélérer. Pressenti-ment? Je remis mon soulier.

Quinze minutes plus tard, ils sonnaient à ma porte, et en route pour le chic 737 de la Place Ville-Marie. Le discret admirateur s'appelait Serge Morin et était le frère du comédien Pierre Valcour, avec qui j'avais joué dans *La Famille Plouffe*. Vraiment, le monde était bien petit. Serge me connaissait pour m'avoir vue à la télévision et au théâtre et me confia par la suite qu'il avait aussitôt eu envie de me rencontrer. Quant à moi, j'éprouvai sur le champ beaucoup d'attirance pour ce superbe garçon aux yeux verts dont l'at-titude dégageait tant de force et de confiance en soi.

Nous nous revîmes une autre fois durant l'été, chez l'ami Gabriel, à une petite fête qui se termina à quatre heures du matin. Serge proposa de me raccompagner. Pendant le tra-jet, je m'endormis au lieu de causer aimablement, ce qui lui donna à croire qu'il ne m'intéressait pas beaucoup. Je n'eus plus de ses nouvelles et j'en fus extrêmement déçue.

Mais le destin n'avait pas dit son dernier mot. Le soir de la Saint-Sylvestre, à une réunion d'amis où je m'étais rendue en compagnie de F., j'eus la surprise (et la joie) de voir arriver Serge avec Gabriel. Au fil des conversations, il m'apprit qu'il avait été muté du bureau Shell de Montréal au siège social de Toronto. Alors, d'une manière empressée qui démentait ma réserve habituelle, je lui annonçai que je devais justement me rendre à Toronto pour une pub, la semaine suivante, et il offrit aussitôt d'aller me chercher à l'aérogare. F. s'effaçait de plus en plus dans le décor. Notre relation battait déjà de l'aile, et l'apparition de Serge lui donna le coup de grâce.

Au soir dit, il m'attendait à ma descente d'avion et me conduisit à mon hôtel. Nous n'avions pas envie de nous quitter. Il m'invita au bar pour un *night cap* et pendant une heure, la conversation coula de source.

La rencontre de Toronto fut décisive. À partir de ce moment, Serge vint passer tous ses week-ends à Montréal, et nous sortions. Dans mon cœur, il n'y avait plus aucun doute : c'était « lui ».

Journal, 18 juin 1966

Cher vieux Journal, le jour béni est enfin arrivé : j'aime et je me marie dans une semaine. Toute une nouvelle, n'est-ce pas ? Je suis si heureuse ! J'ai trouvé le jeune homme le plus merveilleux de la terre. Il a toutes les qualités que j'ai vainement cherchées chez tous ceux qui m'ont aimée. Il est décidé, responsable, plein d'ini-

tiative, instruit (cours d'officier au Collège militaire de Saint-Jean, où j'aurais pu faire sa connaissance il y a dix ans, si le destin l'avait voulu), droit, franc et sincère. Solide, le genre sur qui on peut s'appuyer ; compétent dans plusieurs domaines. Avec ça, plein d'attentions pour moi, galant et très beau garçon, ce qui ne gâte rien, bien sûr. J'ajoute qu'il est ingénieur et qu'il a 32 ans. Nous nous sommes « reconnus », vois-tu, c'est mieux qu'un coup de foudre, ça. Je l'aime de tout mon cœur et je remercie le ciel d'avoir exaucé mes prières. Je marche sur des nuages, comme tu peux l'imaginer. Il est si amoureux, c'est merveilleux ! Parfois, il a les larmes aux yeux quand il me regarde. Et moi, j'ose à peine croire que j'ai devant moi l'homme de mes rêves.

La Belle Époque a continué sa carrière toute l'année avec un énorme succès (on m'arrête parfois dans la rue pour me féliciter). Cependant, comme Serge et moi allons vivre à Toronto quelques mois, le temps qu'il achève son contrat, je vais être obligée de démissionner de l'émission bientôt. J'en ai plus ou moins de peine. Il y a une usure qui commence à se faire sentir. Mais je n'ai pas l'intention d'abandonner ma carrière et j'espère que le travail reprendra après le séjour à Toronto. J'ai gardé le secret sur mon mariage. Bien des gens en resteront baba !

Un peu plus loin, ce sont mes adieux au Journal :

Cher vieil ami, je t'ai écrit surtout lorsque j'étais malheureuse, je m'en excuse. Pendant les bonnes périodes, les moments agréables, j'étais sans doute trop occupée ou j'avais moins besoin de m'épancher. Merci d'avoir écouté mes trop nombreuses plaintes et lamentations. Tu m'as été d'un grand secours. Cepen-

dant, les lignes que j'écris aujourd'hui en guise d'épilogue sont les dernières.

J'en ai fini de me décortiquer, de m'analyser. Je veux vivre tournée vers Serge et cesser de me regarder le nombril. Adieu et merci encore.

Le 25 juin 1966, un an presque jour pour jour après notre première rencontre, Serge et moi unissions nos destinées dans la petite église de Saint-Marc-sur-Richelieu, entourés de nos familles et de quelques amis. La journée était lourde et humide, et un bel orage se déclencha dans l'après-midi. Il paraît que cela porte bonheur lorsqu'il pleut le jour du mariage. Ce doit être vrai, car en cette année 2012, le nôtre fête son quarante-sixième printemps.

Tournage *Absolvo Te*. À droite: Jean Dumas, réalisateur. [photo: André Le Coz, photographe]

Sur le mini balcon, rue Crescent.
[photo: Fernand Cambronne, photographe]

LA SEMAI
À RADIO-CA

Du 30 juin au 6 juillet 1962
Vol. XII, No 40 (10¢)

Absolvo Te: couverture du magazine *La Semaine*, de Radio-Canada.

Au Petit-bonheur : avec Raymond Royer. [photo: André Le Coz, photographe]

eunes visages : avec Jacques Bilodeau. [photo: André Le Coz, photographe]

La mercière assassinée.
[photo: André Le Coz, photographe]

Le dépit amoureux: Claude Préfontaine, moi, Jocelyne France et Yves Massicotte.

LA SEMAINE
À RADIO-CANADA

Du 30 décembre 1961 au 5 janvier 1962
Vol. XII, no 14 (10¢)

La Grand-Gigue

a grand'gigue: avec Yves Gélinas: couverture du magazine *La Semaine*, de Radio-Canada.

Film à la Manicouagan, avec Monique Miller, Gilles Vigneault, moi et Gabriel Gascon.
[photo: Jacques Lambert, photographe]

À la Manic, centième de *Patate*, de Marcel Achard, avec: non identifié, Yvon Leroux, Catherine Bégin, Jean Duceppe, non identifié, moi, Raymond Royer, Denise Morel. [photo: Hydro-Québec]

Couverture de *Perspectives* (août 1963).

LA BELLE EPOQUE revit tous les mardis soir, à 9 heures, à la télé privée, grâce aux animateurs-vedettes Margot Campbell et Pierre Thériault que l'on retrouve ici dans leur décor hebdomadaire, cette demeure ancienne remplie de documents, de souvenirs et des vestiges du passé. Pour eux, cette "belle époque" c'est celle de tous ceux qui ont eu vingt ans, de 1900 à 1950. Réalisée par Jacques-Charles GILLIOT, cette nouvelle série-tv est sous la direction musicale de Jean Larose.

La Belle Époque, avec Pierre Thériault.

La Belle Époque, avec Serge Laprade.

Les Fantasticks, avec Yvon Deschamps et Colombe Pelletier.

TROISIÈME PARTIE

Sous les tilleuls
de l'avenue Marlowe

Mes chers tilleuls ! Ils étaient tout jeunes quand nous sommes arrivés et maintenant, ils dépassent les maisons. Les branches du nôtre s'étendent presque jusqu'aux fenêtres de notre chambre et au temps de la floraison, je m'endors en respirant leur parfum. Mais j'anticipe. Avant l'avenue Marlowe, il y eut l'avenue Old Orchard et encore avant, dans un gratte-ciel de Toronto, l'appartement de Serge. C'était un très confortable trois-pièces, bien éclairé, avec un grand balcon, au neuvième étage de l'immeuble. Le quartier était récent et pourvu de beaux arbres et, en compagnie des arbres, moi, je suis toujours heureuse. Du haut de notre balcon, nous pouvions admirer le jardin et son lac artificiel où s'ébattaient des cygnes gracieux et où les enfants faisaient naviguer leurs voiliers-jouets, comme au lac aux Castors du mont Royal. À deux pas, de l'autre côté d'un parc magnifique, on arrivait sur Yonge, une artère commerçante que nous fréquentions pour toutes nos emplettes et qui ne manquait pas de diversité ni de couleurs.

La vie était facile et agréable pour les tourtereaux que nous étions, mais la compagnie, plutôt rare. Serge n'avait pas de vrais amis à Toronto, seulement des collègues de travail, tous mariés et qui ne l'avaient jamais invité chez eux, ne serait-ce que pour un apéro. Ce n'était pas facile de pénétrer dans le milieu anglophone. Mon arrivée ne changea rien, mais qu'importe, la solitude à deux ne nous déplaisait pas et le contrat de Serge tirait à sa fin.

On ne pouvait pas habiter Toronto en été et ne pas faire un saut jusqu'à Stratford pour voir des spectacles et visiter cette charmante petite ville. Dans le grand théâtre, ce fut *Henry V* et dans une autre salle, *Don Giovanni*, l'opéra de Mozart mis en scène par notre grand Jean Gascon, qui devint, deux ans plus tard, en 1968, directeur artistique du Festival et le resta jusqu'en 1974. Cet été-là, il avait aussi monté *Dance of Death*, de Strinberg, une œuvre puissante que j'avais déjà vue au TNM et dans laquelle il jouait avec Denise Pelletier. Des performances renversantes. Les deux splendides représentations auxquelles nous venions d'assister nous éblouirent aussi et ranimèrent en moi l'envie de jouer, en même temps que ma hâte de rentrer définitivement à Montréal. En attendant, la métropole nous voyait débarquer un week-end sur deux.

J'avais toujours mon appartement de la rue Baile qui nous servait de pied-à-terre pendant que nous cherchions un logis pour la fin septembre, date du déménagement. J'espérais trouver dans le quartier Notre-Dame-de-Grâce, qui me paraissait idéal en tous points : situation, espace, verdure et un style d'architecture qui nous plaisait. Serge et moi partagions le même goût pour les maisons ayant une certaine patine. Mes vœux furent exaucés quand je repérai une annonce dans le journal : haut de duplex à louer, avenue Old Orchard. Références demandées. J'écrivis aussitôt à la propriétaire, une vieille dame anglaise, qui nous convoqua. Le bail fut signé sur-le-champ, Mrs Todd semblant rassurée par le fait que Serge était ingénieur et travaillait pour la si solide compagnie Shell.

On engagea des peintres et c'est avec plaisir que je vis peu à peu disparaître le vieux rose omniprésent (qui faisait vraiment trop vieux et trop rose), au profit d'un blanc cassé. Trois semaines plus tard, nous emménagions dans notre beau cinq-pièces ensoleillé tout frais, tout propre et nous étions hyper heureux.

Le retour au bercail montréalais signifiait que nous allions retrouver nos parents et nos amis et que j'aurais enfin l'occasion de faire plus ample connaissance avec ma belle-famille, que j'avais très peu vue avant notre mariage. À ma première rencontre avec le père et la mère de Serge, madame Morin, dont j'ignorais encore le côté pince-sans-rire, m'avait accueillie en me disant d'emblée que j'avais beaucoup de chance « d'être tombée sur un bon garçon comme Serge », ce qui avait fait rire monsieur Morin. Mais j'étais bien d'accord. J'eus tout de suite des atomes crochus avec mes deux belles-sœurs, Marie-Paule et Josée. Deux femmes au grand cœur, à l'accueil souriant et chaleureux et, de surcroît, deux cordons bleus émérites. Marie-Paule était l'épouse de Bernard Lemieux, militaire et plus tard enseignant, comme elle-même. Un homme droit, cordial et toujours prêt à rendre service. Ils avaient une fille et un fils. Louis-Norbert Morin, alias Pierre Valcour, m'était bien connu, puisque nous avions joué ensemble dans La Famille Plouffe. De ce temps-là, j'avais gardé le souvenir d'un gars blagueur et jovial. Dix ans et huit enfants plus tard, il n'avait pas changé (un peu plus sérieux, peut-être ?) et était toujours le boute-en-train et l'organisateur, avec l'immense dévouement de Josée, de fêtes et de réceptions inoubliables. Ces deux couples vivent sous l'enseigne de l'hospitalité, et la plus généreuse qui soit. Après quarante ans et des poussières, je ne compte plus le nombre de joyeux festins à la campagne, agrémentés de musique et de feux de camp, pour le grand plaisir de la marmaille, auxquels nous avons été conviés Serge et moi avec nos filles. C'est une montagne de souvenirs heureux.

Peu de temps après notre installation avenue Old Orchard, Serge entreprenait des cours du soir en économie à l'Université McGill. J'avais un mari occupé : son travail, ses nouvelles études et les heures de vol qu'il devait effectuer tous les quinze jours parce qu'il faisait partie de la réserve de l'Aviation canadienne. En comparaison, mes journées me paraissaient vides d'activités intéressantes et je souhaitais retrouver celles du métier au plus vite. Mais on ne se bousculait pas au portillon pour m'offrir des rôles. Inquiète et déçue, je ne comprenais pas ce qui m'arrivait. Je sus plus tard qu'après mon mariage, des journalistes avaient écrit que j'abandonnais ma carrière pour suivre mon mari à Toronto, ce qui me fit un tort considérable. Il y avait un an que j'étais revenue et les réalisateurs que j'appelais s'étonnaient encore, croyant que j'habitais l'Ontario et que je ne désirais plus travailler. Entre-temps, ils avaient perdu l'habitude de penser à moi. Pas question, cependant, de me laisser macérer dans la frustration. Je décidai de profiter des nombreuses heures de loisir que j'avais pour parfaire mes qualités de « ménagère » et m'inscrivis à des cours de couture chez les sœurs de la Congrégation de Notre-Dame, rue Stanley. Deux cours par semaine pendant trois ans, au bout desquels j'avais beaucoup appris, sans toutefois acquérir le fini professionnel que je désirais. Mais je ne regrettais pas. J'enchaînai avec l'art culinaire et là, ce fut la passion. J'eus bientôt envie de faire montre de mes talents à la famille et aux amis, et l'ère faste des dîners du samedi soir débuta. Mitonner des petits plats durant des heures tout en écoutant ma musique préférée me remplissait de contentement. Une sorte d'émulation nous saisit, mes amies et moi, et c'était à celle qui aurait cuisiné le repas le plus mémorable. Ah, nous étions jeunes!... Aujourd'hui, j'avoue avoir perdu beaucoup de ma flamme d'antan. Je vais au plus simple, au plus naturel. Pour les gueuletons, il y a de si bons restaurants...

Revenons un peu en arrière. Au printemps 1968, après deux ans de disette, je retournais au travail grâce à Henri Norbert, avec qui j'avais joué à La Marjolaine en 1961. Il me confiait le rôle principal dans une jolie comédie intitulée *Les Vacances de Jessica*. J'aimais beaucoup Henri Norbert. D'abord, c'était un grand comédien, et puis un homme sympathique, plein d'esprit. Dans la pièce, j'incarnais une bonne petite épouse qui se permettait cependant, sans état d'âme particulier, de retrouver un ancien amant, chaque année, durant les vacances. Jusqu'à ce que son mari découvre le pot aux roses... Ces gentils démêlés se produisaient au théâtre d'été de Beloeil et nous étions entourés, Henri Norbert et moi, de Dominique Brilland, de Suzanne Deslongschamps et de Serge Laprade, mon partenaire de *La Belle époque*, qui faisait là des débuts de comédien tout à fait remarquables.

C'est au cours des répétitions que je me découvris enceinte et j'en fus folle de joie. L'été se passa comme un charme, la pièce eut du succès et, à la fin, j'invitai tout le monde à la maison pour une super fondue bourguignonne, bien arrosée. Mon bedon commençait à s'épanouir et je me rendais compte que depuis que j'étais enceinte, j'éprouvais encore plus de plaisir à manger. Tout me paraissait avoir meilleur goût qu'avant. N'ayant pas l'ombre d'une nausée, je ne me privais pas. Il me fallait seulement prendre garde au chocolat et à la friture, *because* les brûlures d'estomac. Autrement, c'était la satisfaction béate. J'étais si bien avec mon bébé dans le ventre que le jour de l'accouchement, on aurait dit que je ne voulais pas m'en séparer. Le travail dura près de vingt-quatre heures et, hélas, je ne vis pas naître ma petite Valérie, le matin du 10 février 1969. Elle se présentait par la face et l'obstétricien, obligé d'utiliser le forceps, préféra m'expédier dans les vaps. La pauvrette porta les marques de l'instrument sur son front pendant plusieurs jours. Mais après, elle ne cessa d'embellir. Son père et moi la contemplions, les larmes aux yeux, sûrs qu'il n'existait pas sur terre de bébé plus adorable.

Je m'investis dans la maternité peut-être avec un peu trop d'intensité. Cela fit de moi une mère anxieuse qui tremblait au moindre reniflement de son poupon. Résultat : à mère inquiète, bébé inquiet. Valérie pleurait beaucoup et ne faisait pas ses nuits. C'était un cercle vicieux : moins je dormais, plus je devenais nerveuse et plus je devenais nerveuse, moins ma petite dormait. Au bout des trois premiers mois, je vis enfin avec soulagement la situation s'améliorer. Je découvrais que le métier de maman exigeait une période d'apprentissage, comme tous les autres, et ma joie grandissait à mesure que disparaissait la fatigue.

Joie des premiers sourires, des premiers mots, des premiers pas. Joie de serrer dans mes bras son tendre petit corps ; émerveillement quotidien de son réveil, de ses balbutiements, de sa bouche rose d'oisillon affamé, ouverte sur la cuillérée de céréales. Voir manger mon enfant m'attendrissait. Serge devint tout de suite le papa poule qu'il est encore aujourd'hui, tendre, protecteur et toujours là en cas de besoin.

J'avais eu la chance de trouver une femme de ménage sans pareil, avenante, intelligente, généreuse. Elle s'appelait Simone Charron et était mère de quatre grands garçons, mais n'avait pas encore de petits-enfants. C'est dire que Valérie devint bientôt son chouchou adoré. Comme j'avais envie de sortir un peu de la maison, de m'aérer, de voir mes amies, je lui proposai de venir garder un jour par semaine à titre de *nanny*, ce qu'elle accepta avec plaisir. Et c'est ainsi que madame Charron joua auprès de mes filles le rôle de la grand-mère maternelle qu'elles n'avaient pas connue.

Devenues adultes, Valérie et Joëlle conservèrent des liens avec leur Mémé, ainsi qu'elles l'avaient toujours appelée, et sa mort récente, à plus de quatre-vingt-dix ans, leur a causé un immense chagrin.

★ ★ ★

C'est quand je devins enceinte de Valérie que je décidai d'abandonner le chant. Après quinze ans de pratique soutenue et de *coaching*, je n'avais plus le courage de persister dans cette discipline exigeante pour être finalement incapable, à cause d'un trac invincible, de chanter en toute aisance devant un public. Avec le bébé qui s'en venait, ma vie allait changer et je ne me voyais pas tenter de mener de front trois carrières : mère de famille, comédienne et chanteuse. Je ne possédais pas ce genre de tonus et puis je ne voulais pas devenir une épouse irritable et une mère surmenée. Je dis adieu aux vocalises tout en conservant les exercices spécifiques à la bonne pose de la voix et à la netteté de la diction, qui faisaient partie des disciplines de métier que je pratiquais régulièrement pour me tenir prête...

★ ★ ★

Valérie avait dix-neuf mois, trottait et parlait comme une grande, lorsque je redevins enceinte. J'en étais très heureuse, mais mon bonheur se trouvait assombri par une terrible inquiétude : la santé de ma mère se détériorait. Elle ne s'était pas vraiment remise d'un premier infarctus subi l'année précédente. Un second la terrassa. C'était en novembre 1970. Elle ne mourut pas subitement, elle eut le temps de souffrir et d'être angoissée, et nous, d'avoir l'insoutenable spectacle de ses souffrances. Le jour de sa mort, que j'avais toujours redouté comme le plus grand des malheurs, je sentis un abîme se creuser en moi. Le chagrin et la révolte m'étouffaient. À soixante-trois ans, alors qu'elle commençait à peine à souffler, les derniers enfants ayant quitté la maison, l'usure avait eu le dernier mot. C'était si injuste ! Sa vie de sacrifices aurait dû être récompensée par une longue vieillesse heureuse. Mais non. L'amertume me montait aux lèvres. Était-ce pour cela que les derniers mois de ma grossesse furent si pénibles ? Infection des sinus, sciatique, angoisse continuelle. Je m'inquiétais pour le bébé que je portais, ce qui ajoutait encore à mon état d'anxiété.

Grâce à Dieu, notre petite Joëlle n'en sembla pas affectée. Elle vint au monde en moins de deux heures, le 27 avril 1971. La mort, la vie.

Sa naissance arrivait juste comme nous venions d'emménager dans la grande maison de l'avenue Marlowe, achetée quelques mois auparavant. L'appartement de l'avenue Old Orchard avait fait notre bonheur pendant cinq ans, mais avoir une maison à nous concrétisait un rêve et des projets formés dès le début de notre mariage.

La chambre de Joëlle était prête et Valérie avait aussi la sienne, avec un vrai lit de grande fille, ce qui la rendait très fière, mais ne l'empêcha pas d'aller faire quelques petites incursions dans son ancienne couchette. Histoire de nous faire comprendre qu'elle était encore toute petite, elle aussi.

Joëlle, hélas, ne fut pas un nourrisson plus placide que sa sœur ne l'avait été. Elle aussi pleurait beaucoup et réclamait à grands cris son biberon de nuit. Péniblement, je m'arrachais au sommeil et à la chaleur du lit. Mais quand je prenais contre moi ce petit paquet de chair toute neuve, que je respirais son odeur, que je voyais ses minuscules paupières en amandes, bien closes sur ses joues, et son ardeur à téter, j'éprouvais un tel sentiment de plénitude que j'en oubliais ma fatigue. J'ai particulièrement aimé la phase bébé et petite enfance. Je suis de ces mères qui trouvent que les enfants grandissent trop vite. Un jour, on leur donne le biberon et, le lendemain, on les reconduit à l'école...

* * *

En 1972 me tomba du ciel un contrat inespéré et fort lucratif : la publicité des soupes Campbell. Une conceptrice de l'agence Ogilvy et Mather de Toronto, Jacqueline Grenier, eut l'idée de faire appel à mes services parce que je portais le nom du produit. L'agence et elle jugeaient que c'était une excellente idée publicitaire. J'ai donc été porte-parole pour Campbell pendant quatre ans, et beaucoup de gens croyaient ou bien que j'étais parente avec la célèbre famille, ou bien que j'avais des parts dans la compagnie. « Malheureusement, non ! » leur répondais-je. Ces publicités m'ont laissé un bon souvenir, contrairement à d'autres. Je pense à celle que je fis dans ma jeunesse, d'un savon de beauté censé rendre la peau plus éclatante et plus douce, mais qui, après cinq ou six prises, me laissa le visage rouge vif, brûlant et couperosé. J'étais horrifiée et furieuse, et je ne me gênai pas pour le dire. Ma peau ne reprit son aspect normal qu'au bout de quelques jours. Plus tard, j'ai su que l'on s'était mis à utiliser de la mousse à la lanoline, au lieu de la mousse du savon lui-même, afin d'épargner l'épiderme. Mon petit esclandre avait peut-être servi à ce changement. Mais, entre vous et moi, mesdames, ne vous lavez pas la figure avec du savon... même de beauté.

Il ne m'arriva rien d'aussi désagréable avec les messages Campbell, qui étaient superbement réalisés et contenaient des textes sobres et intelligents. Valérie et Joëlle, enfants, y ont participé, entrant de cette façon dans le métier à un âge plus que tendre. Elles pourraient dire comme Obélix qu'elles sont « tombées dedans » quand elles étaient petites.

★ ★ ★

Environ deux ans après notre mariage, Serge avait fondé Arenco, sa propre compagnie de construction dans le Grand Nord du Canada, ce qui l'obligeait à de fréquents séjours sur le terrain au cours de l'année. Je restais donc seule à la maison avec nos filles pendant des périodes allant d'une semaine à dix jours et je trouvais cela un peu stressant. Ma patience, qui n'était déjà pas bien longue, rétrécissait comme peau de chagrin devant les caprices et les chamailleries. Je pensais alors à ma mère et à la nombreuse nichée que nous étions, et j'avais honte de me sentir débordée avec seulement deux enfants. J'aurais voulu avoir hérité de son courage et de sa générosité. Mais certains jours, j'avais l'impression de me vider de toute mon énergie sans pouvoir recharger mes batteries. C'est dans ces moments-là que le métier me manquait le plus. Puis, alors que Joëlle venait de prendre le chemin de l'école à son tour, arriva l'événement qui me redonna mon entrain. Roland Guay, un réalisateur avec qui j'avais eu le plaisir de travailler dans *Les Enquêtes Jobidon*, bien des années auparavant, m'offrit de jouer dans une nouvelle série de l'auteur Guy Fournier : *Jamais deux sans toi*, série qui connut le succès que l'on sait. Le rôle de Nicole, la secrétaire de Rémi Duval (Jean Besré), personne un peu abrupte et intransigeante, mais employée modèle, était un rôle « payant », comme on dit dans notre jargon d'acteurs. J'avais des répliques à l'emporte-pièce, d'un humour souvent acide, sous lequel se dissimulaient les sentiments d'une femme de cœur secrètement amoureuse de son patron. Je bénissais le talent de Guy Fournier. Le téléroman ne dura que deux ans et demi, à la grande déception du public et des interprètes.

★ ★ ★

Je pouvais à peine y croire. Valérie et Joëlle, au secondaire ! Je me demandais comment les années avaient pu filer aussi vite. J'abordais la mi-quarantaine. Ce n'était déjà plus la jeunesse et je regardais pousser mes filles. Toutes les deux réussissaient très bien à l'école, ce dont Serge et moi étions extrêmement contents. Mais les problèmes de l'adolescence commençaient à se manifester et je n'étais pas rassurée. C'est difficile de savoir bien doser autorité et indulgence. Quel modèle ont les parents pour élever leurs enfants, autre que celui de leur propre éducation ? Dans le cas de Serge comme dans le mien, cette éducation a été plutôt stricte.

On devait apprendre à obéir, à avoir un bon comportement, à bien étudier, à respecter l'autorité et à s'amuser uniquement lorsque le devoir était accompli. Un programme qui paraîtrait un peu rigide aujourd'hui. C'est pourtant celui que nous tentions d'instaurer. Évidemment, nos gamines n'étaient pas toujours d'accord et ça brassait souvent dans la cabane. Puis, le calme revenait... jusqu'à la prochaine escarmouche. Quel soulagement tout de même quand cette période cahoteuse est passée, que nos ados deviennent des adultes et qu'on s'aperçoit, finalement, que la plupart de nos messages ont fait leur petit bonhomme de chemin ! On me permettra ici une brève expression d'orgueil parental pour dire à quel point Serge et moi sommes fiers de nos deux filles, qui sont aussi brillantes et pleines de talent que radieuses de beauté.

* * *

On était en 1980. Je n'avais fait aucune apparition sur scène depuis *Les Vacances de Jessica*, quinze ans plus tôt. C'est dire que j'étais absolument ravie quand Yvon Leroux me proposa un rôle dans *Du Sang bleu dans les veines*, une pièce de Georges Dor qu'il montait pour le théâtre d'été de Calixa-Lavallée. L'histoire, amusante et décapante à la fois, décrivait comment un couple de gens naïfs se laissait impressionner par un faux noble français. L'autre rôle féminin était tenu par ma copine Monique Chabot et nos hommes se nommaient Edgard Fruitier (le faux noble) et Guy Godin (mon mari). Jouer l'été à la campagne est toujours agréable, mais Calixa-Lavallée avait quelque chose de particulièrement attrayant pour deux amoureuses des maisons comme Monique et moi : ses authentiques demeures canadiennes, toutes plus belles et accueillantes les unes que les autres. Entre les deux spectacles du samedi, à la nuit tombée, Edgar, Monique et moi allions nous promener sur le chemin en respirant les odeurs mêlées de la terre et des plantes, et en reluquant les maisons. Chacun s'en choisissait une, sa préférée, et prétendait venir, dès le lendemain, l'acheter à ses occupants pour s'y installer à vie. Un beau rêve, celui d'un havre paisible, à l'abri du tourbillon.

* * *

L'hiver suivant me vit enrôlée (théâtralement) dans une classe de ballet-jazz où j'incarnais une femme d'âge mûr, décidée à se délivrer de ses inhibitions par la danse. La pièce, écrite par Denis Bélanger, avait pour titre *Le Grand Écart*, et se voulait une sorte de comédie musicale, une « hyperbole dansante », comme le disait l'affiche. La mise en scène était de Jacques Rossi, les chorégraphies de Pierre Hardy (lui-même excellent danseur) et la musique, d'André Angelini. Les autres apprentis danseurs se nommaient Danièle Panneton (auteure des paroles des chansons), Sylvie Léonard, Carole Chatel, Ginette Beaulieu, Gilles Michaud et André Morissette.

À quarante-six ans, j'étais la doyenne de cette petite équipe et j'avoue que, parfois, je me sentais un peu perdue sans personne de ma génération autour de moi. J'avais si peu joué dans les quinze dernières années que mes contacts avec les jeunes acteurs étaient inexistants. Je les découvrais inventifs, actifs, et plus dégourdis pour se trouver du travail que je ne l'avais jamais été. Il faut dire qu'en 1954, nous n'étions qu'une poignée de jeunes comédiens et que le travail venait à nous. Eux débutaient au milieu d'une compétition extrêmement plus importante et devaient très tôt apprendre à se frayer un chemin. Je les trouvais courageux.

L'œuvre, présentée au Centre d'essai de l'Université de Montréal, ne connut pas un triomphe, malgré des mérites certains. Mais ce fut pour moi une belle remise en forme, et j'espérais que ce spectacle ne serait pas un événement isolé.

★ ★ ★

Papa nous quitta le 13 février 1983, à quatre-vingt-un ans. Il mourut d'une septicémie survenue à la suite d'une intervention chirurgicale. Pauvre papa silencieux, distant par timidité, et que nous connaissions si peu, au fond. Pas davantage qu'il ne nous connaissait, nous, ses enfants. Il n'avait pas reçu le don de la parole, il n'était pas expansif, mais je sais qu'il nous aimait. Depuis longtemps, j'avais compris cela et lui avais pardonné ses manques. Dans mon cœur, la paix était faite. Les onze membres du clan Campbell se trouvaient maintenant orphelins. Des orphelins adultes, mais des orphelins tout de même, soudain privés de leur dernier mur de protection, exposés à la ligne de feu.

Si à la mort de mon père, je distinguais à peine, au loin, cette ligne de feu, il va sans dire que trente ans plus tard, elle se découpe beaucoup plus nettement à l'horizon. Tant des êtres que j'ai aimés l'ont déjà franchie ! Et la liste s'allonge sans cesse. Membres de ma parenté, amis très chers, camarades comédiens, anciennes copines de classe décédées récemment ou englouties dans les brumes d'une mémoire déliquescente. On ne peut sans doute pas éviter la tristesse et l'angoisse quand on vieillit, mais pour ma part, j'essaie de grappiller un peu de bonheur au jour le jour, en espérant parvenir à la vraie sérénité avant de basculer de l'autre côté du décor.

★ ★ ★

L'aube de ma cinquantaine fut aussi celle d'un beau regain dans ma carrière. Philippe Grenier, propriétaire d'un charmant café-théâtre appelé La Belle Époque, à Saint-Timothée, eut l'idée d'un spectacle uniquement composé d'extraits de pièces de Sacha Guitry, qu'il voulait présenter sur sa petite scène, et me demanda ma participation. C'était une proposition en or, que j'acceptai sur-le-champ. J'aurais à jouer cinq différents personnages de femmes, en plus de chanter quelques-unes des chansons du répertoire de cette célèbre Belle Époque, chansons que je connaissais déjà pour les avoir interprétées dans l'émission du même nom, plus de vingt ans auparavant. Mes partenaires étaient des camarades de grand talent : Jean Brousseau, dont on put découvrir la belle voix de baryton dans nos duos, et Julien Genay, un comédien au charme romantique. Danièle Lépine, débutante fort prometteuse, complétait notre groupe. Ce fut un joli spectacle qui obtint un joli succès, compte tenu de l'éloignement de Montréal et d'une publicité parcimonieuse. Le public d'un certain âge semblait heureux de réentendre ces belles chansons qu'Yvonne Printemps avait popularisées, heureux de savourer les répliques pleines d'esprit et d'humour de Sacha Guitry. Un soir, après le dernier salut, un homme dans la soixantaine s'avança vers moi, me dit bravo et ajouta : « Vous avez toujours trente ans ! » Oh, le gentil monsieur !

Le Guitry prit fin un peu avant Noël et tout de suite au printemps suivant, Philippe Grenier fit de nouveau appel à mes services. Cette fois, il s'agissait de la comédie musicale *Gigi*, tirée de la pièce de Colette, qu'il mettait en scène au Café Arthur de l'hôtel Reine Élizabeth. J'y tenais le rôle de la tante Alicia, demi-mondaine sur le retour, qui entreprend l'éducation de Gigi concernant l'art de séduire les hommes... riches. La distribution comprenait les excellents Pascal Rollin, Christine Paquette, Martine Pothier (Gigi), Cédric Noël, Danièle Godin, Sylvain Bellerose et Mario Bertrand. Dominique Bellavance avait créé des chorégraphies enlevantes et la direction musicale était de Marc Chapleau et Gabriel Thibaudeau.

La particularité de ce spectacle destiné à un public de touristes, c'était le bilinguisme. Le français et l'anglais alternaient dans les scènes et les chansons. Ça donnait quelque chose d'un peu disparate, à mon avis, mais la presse anglophone sembla apprécier le procédé. Nous eûmes d'aimables commentaires. Avec le spectacle Guitry, c'était ma deuxième expérience au café-théâtre. Jouer devant des gens qui boivent et mangent est frustrant. Il y a forcément un manque d'attention et des bruits qui dérangent les acteurs. À La Belle Époque, il y avait eu quelques incidents désagréables, des fêtards qui parlaient haut, qui nous interpelaient, ennuyant les autres spectateurs. Un soir, exaspéré, Jean Brousseau avait quitté la scène et moi, mon personnage, pour leur suggérer de partir s'ils n'étaient pas intéressés à la pièce (je sais, c'est contre l'éthique du métier, mais cela devenait insupportable). En général, cependant, l'écoute était bonne, tandis qu'au Café Arthur, les soirs de bonne écoute étaient plutôt l'exception. Les gens venaient surtout pour prendre un bon repas et jetaient un regard distrait sur la scène. Cela mettait un gros bémol sur le plaisir de jouer et ne me donna pas envie de retravailler dans des conditions semblables.

Peu de temps après *Gigi*, je fis une courte apparition dans un film de Jean-Yves Laforce, avec un scénario de Michel Tremblay, *Le Grand Jour*. Le film racontait la journée de noces d'un jeune couple. Nous étions une foule de comédiens dans la distribution, mais mis à part les deux rôles principaux, nous n'avions tous que quelques répliques à dire. Moi, je jouais une « matante » dont le jupon dépassait et qui commérait avec les autres « matantes » sur le perron de l'église. J'eus énormément de bonheur à revoir autant de camarades et à retrouver l'excitante ambiance d'un tournage.

Puis, en décembre 1987, lors d'un gala de l'Union des artistes, le hasard m'amena à saluer le réalisateur Yvon Trudel qui préparait *Cormoran*, le nouveau téléroman de Pierre Gauvreau que les téléspectateurs attendaient avec tant d'impatience, depuis l'immense succès du *Temps d'une paix*. Je m'enhardis, moi pourtant si peu habile à vendre ma salade, à lui annoncer que j'étais disponible et très intéressée. Quelques semaines plus tard, il m'offrait le rôle de Mariette, et quel rôle ! Un personnage tout en nuances. Mariette la discrète, la mystérieuse, l'amoureuse, la dévouée, était avant tout un être d'une grande dignité, et lui avoir donné vie au petit écran reste l'une de mes plus grandes satisfactions professionnelles.

Comme un bonheur (ou un malheur) n'arrive jamais seul, peu après le début de *Cormoran*, *Jamais deux sans toi* revenait à l'affiche, après quatorze ans d'absence. Cette fois, la chance me gâtait vraiment. Je jouais deux très bons rôles dans deux des téléromans les plus aimés du public québécois. J'étais comme un poisson dans l'eau. Mais quel chagrin quand ça se termine ! D'un seul coup, c'est le vide des jours, les pages blanches dans l'agenda et la perte des amitiés nouées à cette occasion, et qui n'ont pas eu le temps de prendre racine. Car le plus souvent, on ne se revoit plus. Sauf dans certains cas où des liens plus profonds ont pu se former, je crois que la nature même de notre profession fait de nous des itinérants de l'amitié. C'est tantôt ici, tantôt là ; tantôt avec les uns, tantôt avec les autres. Rassemblés dans une existence imaginaire, nous nous perdons de vue dans la vie réelle. Mais quand le hasard d'une distribution nous réunit à nouveau, c'est comme si on s'était quittés la veille.

★ ★ ★

Notre première-née prit son envol à l'âge de dix-neuf ans. C'était une jeune comédienne déjà très en demande et qui gagnait bien sa vie, ce qui nous rassurait ; autrement, nous ne l'aurions pas laissée partir. Valérie savait se débrouiller dans à peu près toutes les circonstances. C'est un être sociable, d'une nature indépendante et qui va facilement vers les autres. Lorsqu'elle était toute petite, trois ans à peine, et que je l'amenais au Manoir Notre-Dame-de-Grâce pour son jour de garderie, je me rappelle avec quelle insouciance elle laissait ma main et courait se jeter dans les bras d'une dame bénévole qu'elle aimait beaucoup, sans un dernier regard pour sa maman. Et moi, bêtement, je repartais toute triste, vaguement jalouse de cette mamie étrangère. Plus tard, dans les mêmes circonstances, ce fut tout le contraire avec Joëlle, qui s'accrochait à moi en pleurant comme si j'allais l'abandonner et qu'elle ne devait plus jamais me revoir. Quand elle finit par comprendre qu'il n'en était rien, elle se montra tout enthousiaste : « Je suis t'heureuse, à la garderie ! »

En passant devant la chambre vide de Valérie, le soir du déménagement, mon cœur se serra. Pourtant, son départ était prévu et approuvé, mais malgré cela, j'avais du mal à me faire à l'idée qu'elle ne serait plus là. Soudain, le souvenir lointain de cet après-midi d'octobre 1958, alors que je m'apprêtais à partir pour la grande ville, resurgit dans ma mémoire, avec l'image de maman me faisant au revoir de la main, debout sur la galerie. C'était moi, à présent, qui regardais s'éloigner ma fille. Joëlle ne tarda pas à imiter sa sœur, ce qui nous laissa deux chambres vides et le vague à l'âme encore une fois. Toute une étape de notre vie de parents se terminait. Heureusement, nous n'étions pas trop inquiets pour notre cadette, qui n'avait pas les deux pieds dans la même bottine, elle non plus. Sa jeune carrière était bien lancée. Nos deux filles pouvaient dorénavant être responsables d'elles-mêmes et de leur avenir, et nous leur faisions confiance. Secrètement, toutefois, je me sentais rassurée par le fait que Joëlle avait trouvé un appartement dans l'immeuble de la rue Baile, où j'avais logé jeune fille et où mon frère Jacques et ma sœur Francine habitaient déjà. Il y aurait de la famille pas loin...

Le silence inaccoutumé de la maison nous déconcerta au début. Quoi, plus de musique tonitruante (« baisse le son s'il te plaît... »)? Plus de conversation-fleuve au téléphone (« raccroche, ton père à un appel à faire »)? Nous retrouvions nos tête-à-tête de jeunes mariés. L'habitude se reprend aisément, remarquez, de même que celle d'une certaine liberté mise en veilleuse dès l'arrivée de la première pitchounette. Mais on ne cesse pas d'être parents parce que les enfants ne sont plus là, tout le monde le sait. Avec eux, nous sommes comme des vases communicants : les joies et les peines passent de l'un à l'autre et montent au même niveau.

★ ★ ★

Cormoran et *Jamais deux sans toi* avaient quitté l'antenne depuis près de deux ans quand je repris le chemin de Radio-Canada, cette fois avec un rôle dans *La Part des Anges*, une série de Sylvie Payette. L'histoire mettait en scène les fantômes de plusieurs défunts qui causaient tranquillement avec un ange « humanisé », afin de trouver des solutions aux problèmes des pauvres vivants de leur famille. L'ange se chargeait de transmettre les messages. Moi, je jouais une femme quelque peu superficielle que son mari trompait et qui finissait par lui pardonner... sans intervention céleste.

Puis, retour aux oubliettes. Six longues années. Surtout, n'allez pas croire que j'étais au bord du suicide. Je m'étais résignée à ma carrière en dents de scie. On me redécouvrait régulièrement tous les dix ans. Il suffisait d'être patiente. Cherchant à élargir mon éventail d'intérêts, j'entrepris des cours d'aquarelle et j'en devins immédiatement accro. Même si je ne pensais pas avoir un authentique talent pour la peinture, m'amuser avec les couleurs me procurait un plaisir extraordinaire. J'oubliais tout pendant que je peignais et, quand il m'arrivait de réussir une petite image toute simple, j'étais vraiment contente de moi. L'important, c'est de créer, de s'exprimer, peu importe le médium.

À mesure que je faisais des progrès, une idée germait dans mon esprit : et si j'écrivais sur les paysages de mon enfance, que j'ai tant aimés, en les illustrant d'aquarelles ? Ce projet me monopolisa tout entière pendant plus de quatre ans. J'écrivais, je peignais dès que j'avais une minute et ne pensais à rien d'autre. C'est ainsi que naquit le présent ouvrage. Entre-temps, les photos ont remplacé les aquarelles. J'écris maintenant depuis une douzaine d'années, renouant avec la toute première ambition de mon adolescence.

Ce retour dans le passé m'a permis de mesurer à sa juste valeur la chance que j'ai eue. Je sais, les hauts et les bas de mon tempérament yoyo ne m'ont pas toujours permis, dans ma jeunesse surtout, de bien l'apprécier. C'est maintenant que j'en prends vraiment conscience. Ma vie n'a jamais été monotone. À côté de mes engagements professionnels, il y a toujours eu notre vie de famille, nos amis si précieux, nos sorties, dîners, excursions en tous genres, les musée que nous fréquentions Serge et moi, nos nombreux voyages en Europe et aux États-Unis. Aujourd'hui, nous privilégions le coin du feu, l'intimité, la lecture, l'écriture, et l'ennui ne se montre jamais le bout du nez.

★ ★ ★

Mine de rien, me voici parvenue aux derniers soubresauts de ma carrière. Quatre, exactement. Le premier, en 1994, où l'on me vit le bout du nez dans un film de Charles Binamé, *C'était le 12 du 12 et Chili avait les blues*, qui mettait en vedette Lucie Laurier et dans lequel ma fille Joëlle tenait également un rôle. Ensuite, ce fut *Parents malgré tout*, où je jouais la mère d'une jeune femme qui avait adopté, après maintes difficultés, une petite fille en Amérique du Sud. Pascale Montpetit interprétait cette jeune femme et la minisérie était réalisée par Jean-Claude Labrecque, un cinéaste d'une grande sensibilité. Ce fut l'occasion d'un week-end de tournage à Caracas, au Venezuela, rien de moins ! Un délicieux séjour ! C'est tellement agréable pour les acteurs d'être dorlotés et pris en charge. On n'a que le plaisir du travail et pas un seul souci. Une guide compétente, qui nous servait aussi d'interprète, nous fit visiter cette ville à la fois attirante et inquiétante, où l'extrême misère côtoie une richesse inouïe cachée derrière de hauts murs et protégée par des gardes armés. Malgré notre statut de visiteurs insouciants d'une fin de semaine, il y avait une prise de conscience difficile à éviter.

Le numéro trois est l'une de mes plus belles surprises professionnelles. Elle m'arriva à l'été 2001, alors que nous revenions, mon mari et moi, d'un voyage en Europe. Un message m'attendait. Une cinéaste qui s'appelait Jeannine Gagné me demandait si j'étais disponible pour un long métrage. Tu parles si je l'étais! Je la rappelai aussitôt et elle me parla de son film, inspiré d'*Au Bout du fil*, une pièce d'Évelyne de La Chenelière qu'elle avait adaptée pour le cinéma et qui devenait *Au Fil de l'eau*. Mon personnage, émouvant et d'une grande douceur, montrait une femme de soixante ans redevenue une petite fille dans sa tête. Un de mes plus beaux rôles.

Nous eûmes trois semaines d'un travail heureux dans la magnifique nature des Basses-Laurentides. Les camarades : Gabriel Gascon, vieux copain de mes débuts que j'avais grand plaisir à retrouver, Michèle Rossignol, Frédérique Collin, Paul Ahmarani, Claude Laroche et Guy Thauvette, sous la direction amicale et compréhensive de Jeannine.

Entre les prises, lors d'un tournage, on s'amuse généralement beaucoup et j'adore ces moments de détente qui permettent aux acteurs de mieux se connaître. On fait des blagues, on se taquine, on rit comme des bossus et parfois, à travers cela, se glissent des confidences, des réflexions sérieuses. Pendant ces pauses plus ou moins longues, on ose être soi-même avant de remettre le masque.

Une mère autoritaire, qui meurt subitement dès le premier épisode et dont le fantôme revient méchamment hanter la conscience de son fils, est le dernier personnage de ma liste. C'était *Vice caché*, une série de Louis Saïa présentée à Télé-Métropole, en 2004. Depuis, c'est le calme plat. Y aura-t-il autre chose ? J'en doute, mais je ne veux pas me montrer trop pessimiste, on ne sait jamais. Quoi qu'il arrive, je vois maintenant le métier avec un certain détachement, tout en demeurant intéressée. Je n'essaierai pas de prétendre que ma carrière, telle qu'elle s'est réalisée, ait totalement répondu à toutes mes attentes. Mais elle n'a pas manqué de moments d'immense satisfaction, de grand plaisir. J'ai aimé tous mes rôles, du plus petit au plus important, j'ai apporté à chacun le meilleur de moi-même et je suis fière de mon travail. Je n'ai pas envie de revenir sur mes déceptions ; chacun en a son lot.

Aujourd'hui, l'écriture me passionne. Elle convient à cet autre aspect de mon tempérament, celui qui privilégie la solitude, l'intimité et le silence. J'aime profondément travailler à mettre en mots, avec autant de sincérité et d'harmonie que possible, ce que je ressens, ce que j'ai vécu. Pourrai-je profiter de cette nouvelle expérience encore longtemps ? Un coup d'œil derrière l'épaule et le compte des décennies, plus de sept, me saute au visage. Il y a de quoi réfléchir à l'heure qu'il est. Oui, c'est bien le soir, le soir de ma vie, déjà ! Et pourtant, il me semble que je m'éveille à peine, que le jour vient de se lever. J'essaie de demeurer sereine, mais il suffit d'une chanson, d'un air de jazz plein de réminiscences, d'un vieux film et vlan ! une intense bouffée de nostalgie, un poignant regret de ma jeunesse s'abattent comme une tornade sur ma pauvre petite âme. Mes jeunes années défilent dans ma tête. Je me revois enfant, assise au-dessus de l'eau sur la basse branche du vieux saule, bien cachée par le feuillage et heureuse d'être à l'abri des garçons taquins. Je me revois en des juillets torrides, avec maman et mes sœurs, contemplant les rouges couchers de soleil qui embrasaient la rivière ; je me revois marchant pieds nus dans les eaux claires du ruisseau ou pédalant à vive allure vers le parc, où m'attendait le bel adolescent qui faisait battre mon cœur. Je me revois à seize ans, alors que l'avenir m'apparaissait aussi lumineux que le tendre ciel de juin au matin de la remise des diplômes. Ah ! comme tout était beau et souriant autour de moi ! Comme la rivière scintillait à travers le feuillage, et comme j'étais heureuse et légère, baignant dans l'état d'espérance comme l'enfant à naître dans les eaux protectrices du sein maternel. Ce doux, ce merveilleux état d'espérance qui enivre quand on a la vie devant soi.

Ici, j'ose avouer l'inavouable : le fantasme, jusqu'à tout récemment logé au fond, tout au fond de mon imaginaire, l'illusion insensée, saugrenue, tenant de la pensée magique, qu'un jour je serais jeune à nouveau. Je suis consciente du ridicule et de la puérilité de cette illusion et c'est en partie pour m'en délivrer que j'ai écrit L'habit de Lumière, un roman dans lequel une femme de soixante-dix ans retrouve miraculeusement sa jeunesse... pour peu de temps. Quand l'âge revient, elle l'accepte et sent les dernières pelures de vanité se détacher d'elle comme les pétales flétris d'une fleur.

L'écriture a rempli son rôle de catharsis. Me voici libérée et rassurée sur ma santé mentale. Évacués, les vains regrets. Le présent est trop précieux, il faut profiter de chaque instant. Tous les matins, en ramassant le journal sur le pas de ma porte, je m'arrête et je salue le jour et la date, je contemple ma rue sous ses grands arbres et je savoure la paix de l'heure. Je sais, ça fait un peu « cucul la praline », mais en vieillissant je me « cuculapralinise » de plus en plus. Je m'émeus de petites choses, de la rare visite du cardinal sur une branche de notre aubépine, du parfum des lilas au printemps, d'un papillon sur une fleur, d'une musique, du goût du café... et je m'aperçois que la journée est pleine de ces petites paillettes dorées qui brillent pour ceux qui veulent les voir. Allez, ma fille, que je me dis, concentre-toi sur elles et expulse de ta pensée les échos de toutes les horreurs perpétrées à longueur d'année sur la planète. Leur existence n'est que trop voyante, inutile d'en remettre. Bannis de ma vue journaux, films, livres, reportages qui enfoncent le couteau dans la plaie. Je n'en ai plus l'estomac. Alors, volontairement, je fais l'autruche. J'essaie de ne voir que ce qui me vient de l'amour et de l'amitié. Ce n'est pas toujours évident ! Il y a des jours où l'autruche est bien forcée de se sortir la tête du sable parce qu'il y a une trop grande perturbation. Alors, pour me calmer, reprendre mes esprits, j'entre dans le jardin du cloître. Je m'explique. Au cours de nos voyages, mon mari et moi avons visité de nombreuses abbayes avec leur cloître et leur jardin. Ces lieux de paix hors du monde et du temps, où il semble que rien de laid ne puisse pénétrer, ont fait sur moi une profonde impression. C'est là que se réfugie ma pensée. Que l'on se rassure, je ne suis pas une carmélite manquée et je ne fais pas ma promenade imaginaire sous les saintes arcades, en costume religieux et les mains dans les manches. Non.

Étrange tout de même comment la simple évocation d'un enclos de verdure entouré de longues galeries à colonnes et où murmure une fontaine m'aide à retrouver l'équilibre.

Notre maison sous les tilleuls n'a pas l'allure d'un cloître, mais elle a son petit jardin qui nous réjouit toute l'année, qu'il soit vêtu d'hiver ou de printemps. J'aime être chez moi. J'aime contempler de ma fenêtre la tempête qui hurle au-dehors ; j'aime m'endormir au son de la pluie qui bat les vitres. Je suis encore cette petite fille qui, jadis, écoutait avec un frisson de bonheur le roulement du train tout proche et le rugissement de la sirène, bien au chaud sous les couvertures, dans la sécurité de la maison familiale. On revient toujours à l'enfance, n'est-ce pas ? Et je termine là où tout a commencé, au bord du Richelieu.

Comme on aura sans doute pu le constater, je n'ai pas eu une existence des plus tumultueuses. Rien de fracassant, rien de démesuré. Mes orages sont restés intérieurs et n'ont que rarement percé la surface plutôt lisse de mon caractère. Je serais tentée de comparer le cours de ma vie à celui de la rivière que j'aime tant : en ligne droite, sans détour, paisible sur presque toute son étendue, mais recelant des rapides et des remous qui peuvent rendre la navigation difficile. Heureusement, j'ai un merveilleux coéquipier...

otre photo de noce. [photo: Henri Paul, photographe]

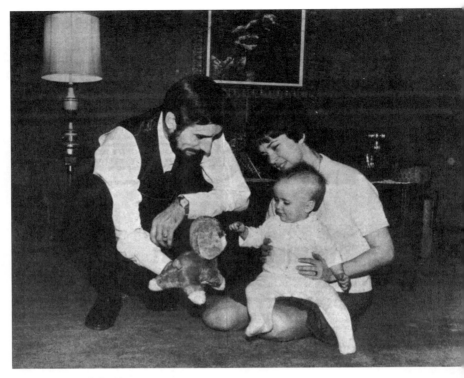

Serge, Margot et bébé Valérie. [photo: *Nouvelles Illustrées*]

Margot et bébé Joëlle.
[photo: *Nouvelles Illustrées*]

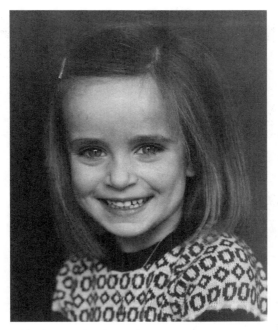

Valérie à 4 ½ ans (octobre 1973). [Archives personnelles]

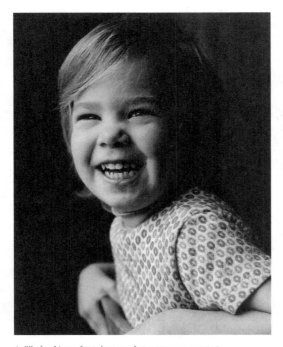

Joëlle à 2 ½ ans (octobre 1973). [Archives personnelles]

Publicité pour les soupes Campbell's. [photo: Ogilvy & Mather (Toronto);
avec l'aimable autorisation de Campbell Soup Company (Camden, NJ, É.-U.)]

Les femmes et l'amour, de Sacha Guitry: avec Julien Genay, Danielle Lépine, Jean Brousseau et moi.
[photo: Guy Prévost, photographe]

Le Grand Jour. [photo de plateau]

Cormoran: Mariette. [photo de plateau]

Cormoran: la maison. [photo: Serge Morin]

Cormoran: Yvon Trudel, réalisateur, moi et Danielle Leduc. [photo de plateau]

Cormoran: Raymond Legault et moi. [photo de plateau]

Cormoran: le party chez Francine Ruel. 1ère rangée: Jean-Raymond Châles, Gaston Lepage, Denise Trudel, Francine Ruel, Andrée Pérusse, moi. 2e rangée: Nicole Leblanc, Raymond Legault, Catherine Mousseau, Mireille Thibault, Danielle Leduc, Claude Prégent, Guy Migneault, Yvon Trudel, Normand Lévesque, René Caron, Michèle Craig, Raymond Bélisle et Sylvie Dubé. N'apparaît pas sur la photo: Jacques Lussier. [Archives personnelles]

Cormoran: avec l'auteur Pierre Gauvreau et son épouse Janine Carreau. [Archives personnelles]

Jamais deux sans toi: Jean Besré, moi et Suzanne Champagne. [photo de plateau]

Au fil de l'eau: septembre 2012.
[photo: *La Presse*, mars 2003]

Parent malgré tout, à Caracas:
Pascale Montpetit et moi. [photo de plateau]

Table des matières

Ce livre a été imprimé en août 2013
sur les presses de l'Imprimerie Gauvin